実話蒐録集
闇黒怪談

黒 史郎

竹書房文庫

目次

あるのかないのか

白田《しろた》さんが横浜の自動車販売会社に勤めていた頃のこと。

昼頃から体調が悪いといっていた後輩を、仕事終わりに家まで送ってあげることにした。

車の助手席に乗り込んだ後輩はしばらくすると「少し具合がよくなってきました」というので、なら少し駅の周辺でも流して、回復次第では飯でも食って帰ろうということになった。

中華がいいですというので、うまそうな店がないかと探して、中華街の入口付近の道を通りかかった時、とんでもないものが白田さんの視界に飛び込んできた。

「うおっ」と声をあげ、すぐ路肩に車を止めた。

「え、どうしました、猫でも轢《ひ》きました？」

「今、見たか？」

後輩はなんのことかわからない、という顔をしている。

「あの木のところ、いたろ、バアさん」

「バアさん、ああ、いましたね。いましたけど、それがなんです？」

そういって不思議そうな顔をする。

こいつ、ほんとにちゃんと見たのか。

モンペのようなものをはいたお婆さんが、座って街路樹に背をもたれていたのである。

「あれ、死体なんじゃねぇか」

「え？　いやいや、生きてはいるんじゃないですか。つーか寝てたんでしょ。ホームレスですよ、ホームレス」

「いやだって、首、なかっただろ」

えええ？　と声を上げると後輩は振り返って十メートルほど後方の街路樹を見た。

ここからでは木の陰になってお婆さんは見えない。

「大丈夫ですか、先輩こそ疲れてるんじゃないですか」

「いや、首なかったって。オレ、ちゃんと見たし」

自分でそういっておきながら、首はなかったのにどうしてお婆さんと判断したのかと疑問だった。お婆さんらしい恰好だったからか。とにかく首はなかった。

「僕だってちゃんと見てましたよ。じゃあ、見に戻りましょうよ。それで気が済むなら」

歩いてその場に近づく気にはなれず、ぐるりと車で戻って同じ道を速度を落として通った。

やはり、街路樹に首のないお婆さんがもたれかかっている。どうみても死体だ。頭《こうべ》を垂れているとか、角度で見えないとか、ではない。

「ね？　寝てるんですって。ほら、通行人もいますよ」

向こうから男女二人が歩いてきたが、目の前の首なし死体には目を留めず、通り過ぎていった。他の通行人も同じだった。皆、何事もなかったようにお婆さんの横を通っていく。

お婆さんの首が見えないのは自分だけなのだ。

見間違いだった、ということにし、その日は食事をせずに帰った。

それから、中華街のそばで死体が発見されたというニュースはなかった。

しかしいつの日か、本物の首なし死体を発見するような気がして、あれ以来その道を通らないようにしていたという。

おにげなさい

三年前の夏の夜、香里《かおり》さんは職場の同僚たちと五人で心霊スポットにいった。

山の中にあるその場所は、まばらに木の生えた陰気な雰囲気のある森であり、ポットくらいの大きさのあちこちが欠けた石仏の名残が、木の隙間を埋めるように点在している。ここでは女の霊が目撃されるといわれていた。

「記念にひとつ持っていこうか」

酒に酔った勢いで同僚が石仏のひとつを引き抜こうとしだした。

「おいおい、そんなの車に載せんな、無理だよ」

「よしなよ、祟られるよ」

「そうだよ、祟りで腰が抜けるぞ」

みんなが止めても、まったく本人は聞く気がなく、

「祟ってみろってんだよ、あれ、けっこう深く入ってるな」

石仏に抱き着いて、ぐらぐら揺さぶり始める。

香里さんが呆れながら同僚の罰当たりな行為を見ていると、

「にげて」

そう耳元で囁かれた。

口が耳につくほど近い声だった。

香里さんは大きな声をあげ、その場から走りだしてしまった。

それに釣られて他の同僚たちも一斉に走りだした。


全員で手を繋ぎながら戻ると、同僚が引き抜こうとしていた石仏の周囲に水溜りが複数できていた。雨は降っていなかった。

もう帰ろうと、今来た道を戻ると、さっきは乾いていた地面がぬかるんでいた。

歩くと足を掴まれるような吸い付く感覚があり、生きた心地がしなかった。

「なにから逃げろってことだったんでしょう」

もし逃げなければどうなっていたのか、想像もしたくないという。

おまちに

南田《みなみだ》さんが二十年以上住んでいた街に、かなり危ない側溝があった。

横幅が狭く、それほど深さもないので一見、危険には見えない。最近ニュースで見るような、小さい子供が落ちて流されてしまうといった事故も起きたことはない。

ただ、そこで足を骨折する者が後を絶たない。

幅が狭く作られているためか、いったん足を嵌《は》まらせると、ガッチリ挟まってしまって中々抜けなくなる。無理に抜こうとするとバランスを崩し、倒れた拍子にボッキリ折ってしまうというわけだ。

骨はそう簡単に折れるものではないが、ここに嵌まると、いとも簡単に折れてしまう。だからどの家でも子供に注意を促してはいるのだが、この道を日常的に使い、危険なのも充分にわかっているはずの大人でも怪我をする。

それほど危険な側溝にどうして蓋をつけるなどの対処をしていないのか、南田さんはずっと疑問を抱いていたそうだ。


事故を目の前でみたこともあった。

南田さんは高校時代、野球部に入っていた。その日は前日の大雨で校庭がぬかるんでいたため、部長の判断で街中をランニングすることになった。

部員に声をかけるため、たびたび後ろ向きで走っていた部長が、急にガクンと下に引きずり込まれるように視界から消えた。

部長は側溝に足を嵌まらせ、倒れていた。足が嵌まった状態で前に倒れたので、足が不自然な方向に曲がっており、痛みに泣きながら病院へ運ばれたという。

鍛えている高校球児の足が、簡単にへし折られたのである。そんな光景を目の当たりにした南田さんは、その道を避けるようにして暮らしていたそうだ。

学校を卒業し、実家のクリーニング店で働きだした頃、久しぶりにその側溝のある道を歩いたという。

夜だったので道の端側には絶対に寄らぬよう、充分に気をつけて歩いていた。

側溝は鉄の格子で蓋をされており、安全な道になっていた。前方に一カ所だけ蓋のないところがあったが、すぐ横の塀には『足元注意』のホーロー看板が打ち付けられている。

役所に住人からの苦情でもいったのだろう。どうしてもっと早く蓋をしてくれなかったのか。そんなことを考えながら歩いていると、片足が空《くう》を踏み、視界がグンと斜めに下がった。

南田さんの右足は、先ほど見た一カ所だけ開いているところに嵌まっていた。

いつの間にか、側溝に寄って歩いていたらしい。

すると、側溝の中には光沢のある黒くて太い蛇のようなものが見えた。それにはテニスボールほどの丸い女の顔があり、黒い光沢の中でその顔が笑うように歪んで、「おまちに」と囁いた。

這うようにしてその場を離れた南田さんは、しばらくしてからそっと側溝の中を覗きに戻ってみたが、蛇のようなものはすでにいなくなっていた。

幸い、怪我は格子にぶつけた脛《すね》に青痣《あざ》が少しできた程度で済んだ。

あの黒いものがみんなの足を折っていたのだと今でもおもっているそうだ。

しねえええええええ

洋一《よういち》さんが夜中に目覚めると、目の前に怒りの形相の男の顔があった。

髪が長く、白い鉢巻か包帯を頭に巻いている。顔色は真っ白で、鼻が少しだけ横に歪んでいた。首から下があるのかは見えないのでわからない。

男は目をカッと見開き、歯を食いしばって洋一さんを憎々しげに睨《にら》んでいた。

耳元で「ぶんぶんぶん」という男の声が小さく聞こえだし、それが次第に大きくなっていく。家のどこかで誰かが暴れているような、どすん、どすん、という音がし、なにかが落ちて壊れたような音もする。

身体《からだ》は金縛り状態ではなく、動くことはできそうだったが、指一本でも動かした瞬間、目の前の男の顔がもっと近づいてきそうで、それがおそろしくてまったく動けない。

やがて「ぶんぶんぶん」という声に、別の低い男の唸りが重なりだし、いよいよ耐えられなくなった洋一さんも「わあああああ」と声をあげた。

するとの前の顔が一瞬で笑顔になり、

「しねえええええ」

と、部屋全体に響き渡るような怒鳴《どな》り声が聞こえた。

その声と同時に目の前の白い顔が真ん中から真っ二つに裂け、視界から消えた。

「ぶんぶんぶん」も、唸り声も、暴れる音も聞こえなくなった。

それから三十分ほどかけて、周りの気配をうかがいながら起き上がると部屋の電気をつけた。部屋にはなにかが暴れたような痕跡はなかったが、水槽に飼っていた熱帯魚が全滅していた。

洋一さんは失禁をしていたそうである。

スナックMの後悔

明絵《あきえ》さんは十五年前にMというスナックで働いていた。

ママが調味料の会社も経営していたため、店内には酒とオリジナル調味料の瓶がずらりと棚に並んでいた。その調味料を使ったメニュー「ママ飯《まんま》」がたいへん人気だったという。

一緒の時期に入った環《たまき》という女性がおり、彼女とは趣味もあってとても仲がよかったのだが、ちょっとしたトラブルが原因で絶交状態になってしまった。

「簡単にいうと、客《おとこ》の取り合いなんだけどね」

結果は明絵さんが勝ち取り、環は店を去っていった。

彼女は去り際、明絵さんにこんな一言を残した。

「とことん呪うタチだから、覚悟しておけよ」

それからというもの、明絵さんが乗っている車のバックミラーがもぎ取られていたり、ベランダに干していた洗濯物が全部なくなっていたりと、呪いと呼ぶにはあまりにおそまつな「嫌がらせ」が続いた。

はじめの頃は犯人も姿を見せず、陰でこそこそやっていた。明絵さんがなんのアクションも起こさないためか次第にやり方が大胆になっていき、しばしば走り去る環の姿を目撃するようになった。

ある時、明絵さんの名前がマジックで書かれた百円ライターが新聞受けに放り込まれ、ベランダに空《から》の灯油タンクが置かれるということがあり、さすがに危険を感じたのでママに相談してみた。すると「警察という手もあるよ」と助言をくれたのだが、短い期間であっても仲が良かった相手なので、そこまでしたくはなかった。それに嫌がらせが激化することも考えられた。

話し合いができるならそれが一番いいと考えた明絵さんは、もしまた姿を見かけたら声をかけ、話し合いを持ちかけようと決めた。

それからも嫌がらせは続き、何度か環の姿も見かけることはあったのだが、どんなに声をかけても彼女は足を止めることなく走り去ってしまう。いつか後ろに包丁を持った環が立つかもしれないとおもうと、落ち着いて家で寝ることもできなくなった。


環の退店から四ヵ月が過ぎようという頃。

明絵さんは営業時間中にママに呼び出され、彼女が死んだと聞かされた。

ショックでしばらく言葉が出なかった。

やっと「自殺ですか」と訊くと、そうではないという。

以前に環が働いていたSというスナックのママとMのママは友人で、先日二人で会った時に彼女の話題になったらしい。Sのママは店の女の子たちの会話から、環が急病で先月の始め頃に入院し、手術を待たずして亡くなったらしいと知ったのだという。

そんなはずはない。明絵さんは前日の夜も、ベランダ側の窓を殴って走り去る環の後ろ姿を見ている。

あの彼女がとっくに死んでいるなんて、とても信じられる話ではない。

もしそれが事実だとしたら、いったいどこからだったのか。

どこからが、生きていない彼女からの嫌がらせだったのか。

震えの止まらない明絵さんを見て、ママは自社製の塩を店の入り口に盛ってくれた。


それからひと月後に店を辞め、環との絶交の原因になった彼と入籍した。

すると諦めてくれたのか、嫌がらせはパタリとなくなったという。

「やっぱり心残りだよ。あの頃、もっとうまくやれなかったのかなって」

明絵さんは懐かしむように目を細め、話を終えた。

チーズにうるさい男

以前、鈴原《すずはら》氏が足繁く通っていたバーに、チーズにうるさい日田《ひだ》という男がいた。

「こいつが本当に口を開けばチーズチーズのチーズ馬鹿で、面倒くさいヤツでさ」

いつも彼は決まったカウンター席で飲んでおり、そばに座った客に心安く話しかけると、自分が海外の旅先で食べたチーズのおいしさを得々として語るという。

「日本人もチーズの文化を知るべきだ」「日本産のチーズは上品すぎてワインに負けている」「チーズを知りたければ日本を出ろ」というようなことを、相手が聞いていようといまいとお構いなしにペラペラ喋り続けるのである。

これがリコッタとかチェダーのような、日本人にも少しは馴染みのある名前が出てくるのならまだしも、まったく聞いたことのないマニアックな名称を出し、当然知っているだろうという口調で話す。それがいかにも通《つう》ぶっていて鼻につくらしく、常連たちのあいだでも、とくに好かれていなかった。

「そんなヤツでも結婚もして子供までいるってんだから、まいるよね。きっと家でもチーズだろ、女房は大変だねって、よくみんなで話して笑ってたよ」

ある日、このチーズ男の妻だという、なかなかきれいな女性がバーを訪ねてきた。

「主人がたいへんお世話になりました」

彼女は日田が亡くなったことを告げた。

二ヵ月ほど店に顔を出さなかったので、チーズを求めて海外にでも行ったんだろうと話していた矢先のことだった。

「このお店のことが大好きで、亡くなる直前まで、また行きたいなあっていってました」

そういうと日田が大切にしていたという希少なチーズを、バーの店主とその場にいた客たち全員に配ったという。

鈴原氏はその場にいなかったので直接見たわけではないが、チーズは子供の握り拳《こぶし》ほどの塊《かたまり》で、赤色の無地の紙に包まれており、見た目はなかなか美味《うま》そうだったという。奥さんが帰った後、このチーズを肴《さかな》にワインで乾杯し、それを日田への弔《とむら》いにしようということになった。

いつも座っていたカウンター席を日田のために空け、そこにワインとチーズを置いた。

「日田さんもそこにいる気がするね」

「じゃあ、いただこうか。安らかに、日田」

「ごちそうになるよ、そっちでもチーズ食えよ」

各々が日田への言葉をおくると、彼が認めた最高のチーズの味を楽しむことにした。

ところが、一口齧《かじ》ったみんなの顔は「ん？」となった。

「うーん」

みんな微妙な顔をして首を傾げる。

まったく味がないのである。食感もよくはない。味のなくなったガムをムチャムチャと噛んでいるようだった。

全員が日田のチーズを一口齧っただけで皿に戻してしまった。

「高級品って俺たちの舌には合わないのかな。これなんてチーズ?」

「マスター、口直しにちょっといいワイン出してよ、日田さんにツケといて」

「いやぁ、これは舌に合わないとかいう以前の問題だよ。日田さん、これおいしくないよ」

空いている日田の席に向かって、常連たちは笑いながら愚痴をこぼしあった。

「ん? うえっ」

「ちょっとマスター、なにこれ」

口直しにと出されたワインを飲んだ常連たちが、次々と険しい顔でグラスをカウンターに置いていく。

「おかしい、ありえない」

いちばん驚いていたのはマスターだった。

高級ワインが、ただの苦い汁に変わっていたのである。

飲み始めは香りも素晴らしくて味もフルーティーだったのに、急に苦みがでて、とても飲めたものではなくなった。

そのうえ、口の中に生ゴミのような臭いが残り、いくら水でゆすいでも取れない。臭いを消すためにレモンの切れ端を口に含む者や、おしぼりで舌を拭きだす者もいた。

後日、鈴原氏も味が変わったというワインを飲ませてもらったが、昔、煙草の吸殻を入れられた水を誤って飲んでしまった時のことをおもいだす味だったという。

「マスター、かなりしょんぼりしてたね、結構高かった一本らしいから。何十年とやってて初めてのことだっていってたよ」

自慢のチーズを不味いといわれ、日田が怒ったんだろうということになり、しばらくのあいだ彼の席には謝罪のワインとチーズが置かれるようになったという。

へのこのあねこ

三年前に定年を迎え、現在は都内で娘夫婦と暮らしている沢田《さわだ》さんからうかがった。

高校生の頃まで青森県の八戸《はちのへ》市にある、畑と川しかない町に住んでいたという。

沢田さんが中学生の頃、その町では「へのこのあねこ」と呼ばれる女性がなにかと問題になっていた。

「へのこ」とは東北地方で男性器を指す語の一つであり、発音は「へのご」。「あねこ」は「姉こ」で、「娘」「お姉さん」「女性」のことである。

つまり「へのこのあねこ」とは「おちんちん女」という意味になる。

とはいっても、そんな卑猥な呼び方をしていたのは近所に住む悪ガキたちくらいで、彼女の影が大人の男性器に似ているという、ひどくくだらない理由からだった。

彼女の本当の名前はサトコといった。

年は二十歳くらい、身形《みなり》はそれほど悪くはなく、小太りではあったが醜く見えるほどでもない。

ただ、つるんとした髪形と、そのぽっちゃりとした身体が地面に落とすシルエットは確かに、立派に屹立《きつりつ》する一物《いちもつ》に見えたのだという。

沢田さんは親がサトコの親と仲がいいので、絶対にそんな名では呼べなかったし、多くの子供たちも気を使ってサトコという本名を使って呼んでいた。

しかし、悪ガキたちは遠慮というものを知らない。三人から五人が集まって彼女の家の前で「へのこのあねこ、だんべあんのか」と大声で囃《はや》し立てる。「だんべ」は女性器のことである。

もちろん、サトコは大激怒する。気性の激しい女性だったので、あまり腹が立つと相手が子供だろうと関係なく棒っ切れを振り回して追いかけ回す。

しかし、鈍足なので追いつくことはできず、それをいいことに悪ガキたちは「へのこのあねこ、だんべもへのこ」と、さらに馬鹿にする。

いよいよ頭に来たサトコは大声を上げて暴れだすが、悪ガキどもには手が届かないので無関係な家の前に置いてある桶《おけ》やら籠《かご》やらをみんな蹴っ飛ばし、壊してしまうという。

そうなると叱られるのはサトコのほうで、「大人が子供に本気で怒るとは恥ずかしい」といわれるので立場がなかった。

なんとも不憫《ふびん》なことだが、そんな日々にも終わりがやってくる。

ある日、いつものように「へのこ、へのこ」と馬鹿にする悪ガキたちを追いかけ回していたサトコは、急に道端でうずくまると、ウーと唸って、そのまま死んでしまった。

元々心臓が強くはなかったので、カッとなって頭に血が昇っているところへ、走ったり暴れたりと無理な運動をしたものだから、胸に相当な負担をかけたようだった。

舌を噛み潰し、目は滴《したた》りそうなほどに真っ赤で、本当に苦しそうな顔で死んでいたという。

それから幾日も経たぬうちに「へのこのあねこ」のお化けが出るという噂がたった。出るのは悪ガキたちを追いかけて死んだ、川の堤のそばの道だった。白い布のようなものを頭からかぶっており、顔はまったく見えないのだが、その影はへのこの形をしていたというのである。

これに捕まると、大事なへのこを引っこ抜かれるという怖ろしい噂まで囁かれだしたので、とくに男の子たちは堤のそばの道には近寄ろうとはしなかった。

誰より怖がっていたのは、もちろん彼女をいじめていた悪ガキたちであった。彼らはサトコが死んでから、ずいぶん大人しくなっていた。反省したというよりも、親に死ぬほど殴られたからだろう。

沢田さんの記憶では、悪ガキたちのうち三人は家がそれぞれ隣同士で、夜になると誰かの家に二人が泊まり込んで、次の日には別の家に二人が泊まってと、つねに三人でいた。一人になるのが、よほど怖かったに違いない。

ある日、そんな悪ガキの一人の家が火事で全焼し、泊まりに来ていた二人を含めた三人の子供が焼け死んでしまった。

子供たちはみんな、「へのこのあねこ」の仕業だと恐れた。

そんなことがあってから、しばらくサトコの死んだ場所に団子や握り飯が供えられるようになったが、それもやがては廃れてしまい、「へのこのあねこ」の不幸話を語るものはいなくなっていったという。

芸を盗む

二十年以上前に大ブームとなったバラエティ番組がある。現在、活躍している芸人の中には、この番組からメジャーになっていった方も多い。

当時、清野《せいの》さんは中学生だった。兄弟でこの番組が大好きだったので、高校生の兄と一緒に毎週欠かさず視聴していたという。

ある日、番組を見ていると急に兄が立ち上がり、テレビ画面を指さして、「あ」といった。

「今のは、やっちゃだめだろ」

清野さんは「なにが?」と訊いた。

「今のだよ、あれは不謹慎なやつなんだぜ。だめだよ、あれはやっちゃ」

「今のって、○○がやってたネタ？」

そうだよ、と兄は怒った顔で頷《うなず》く。

別に不謹慎とはおもわなかった。とくに深い意味もない、ただのくだらないダジャレだ。

「だめだって、あー、俺もう見てらんねぇわ」

そういうと隣の部屋にいき、折りたたんである布団に寄りかかって漫画を読み始めた。

どうして芸人のやるネタで兄が怒るのか、不思議でならない。

番組が終わってもまだ不機嫌なので、なんで怒っているの、と訊くと、

「○○がやってたの、あれ、カネバンの考えたヤツだ」

カネバンは、兄が仲のよかった金子《かねこ》リョウタという、近所の床屋の息子だ。彼は家族とキャンプにいった先の川で溺れて亡くなっていた。

いい人だったが、ギャグをやるようなタイプには見えなかった。それにカネバンの

考えたネタをテレビに出ている芸人が盗むことなんてあるだろうか。

「あれ?」

兄はきょとんとした顔で周りを見回すと、隣の部屋へ這っていってテレビを見て、

「あーっ、終わってんじゃん」

ちくしょう、と悔しそうに床を殴り、清野さんをキッと睨んできた。

「なんでやってるのに教えねぇんだよ」

「え? なにいってんの」

今日も番組が始まる前から、一緒にテレビの前で待っていた。

ちくしょう、ちくしょう、といっている兄の目がトロンとしているので、眠くて呆けているのかとおもった。

「ふざけんなよ、あー、見逃しちまったぁー」

「自分で勝手に見なかったんじゃん」

そんなわけあるか、と座布団を投げてくる。

「なんで俺が見ねえんだよ」

カネバンのギャグの話をすると一瞬だけ表情が固まったが、「そんなことといってねえ」と二枚目の座布団を投げてきた。

その後の夕食時、兄はボソリと「あいつのギャグってなんだ?」と自問し、食事を半分以上残して部屋に入ってしまった。

後日、兄の言動のおかしかった日は、金子リョウタの命日であることがわかった。

血まみれのおまわりさん

元舞台俳優の金島《かねしま》さんが小学生の頃、「血まみれのおまわりさん」という都市伝説があった。

この言葉を聞いたら家に血だらけの警官がやってくるとか、この名を覚えていると何歳までに死ぬとか、夜中にこれを呼ぶと逮捕されるとか、語る人によって着地点が変わるという、ふわっとした怪談だった。

俗にいう「聞いたら呪われる」系の話であり、当時は似たような怪談が入れ代わり立ち代わりで小学生のあいだで流行し、そして、あっという間に消えていった。

「血まみれのおまわりさん」も一部の子供たちからとても怖れられていたが、やはり他の噂同様、一過性のものでしかなく、気がついたら誰も語らなくなっていた。

だからこの一件がなければ、きっと思い出すこともなかっただろうという。

四年前、とある映画のオーディションで「あなたがいちばん怖かったものを演じてみてください」といわれ、とっさにおもいついたのが「血まみれのおまわりさん」だった。

それまでずっと忘れていたのに、なぜかこの時は落雷のようにその言葉が降りてきた。当時、語られていたのはその不吉な呼称と、ふわっとした噂だけ。なぜ血だらけなのか、どうしてお巡りさんなのかという設定の尾ヒレを後付けされる前に流行が終わってしまったのでストーリーもなにもない。

だからその場で『殉職した警官が夜な夜な自分を殺した犯罪者を探して町をさまよっている』という設定をこしらえ、それっぽく演じてみせた。

オーディション終了後、ネタのチョイスが正解だったかどうかは不安だが、とりあえずやり切った感があったので実家の母に電話を入れ、これこれこういうことをしたよと報告した。

すると「そんな不謹慎なことをしたらアカンで」と叱られた。

「血まみれのおまわりさん」は創作された話ではなく、実際の事件だというのである。

この怪談めいたタイトルが流行《はや》っていた当時、小学校の近くの民家で凄惨な殺人事件が起こっていた。現場にかけつけた警官が、なんらかの理由で被害者の血をかぶってしまい、全身血まみれの状態で現場から出てきたところを複数の人に目撃された、ということがあったらしい。

子供たちは事件のことを知らなかったが、大人たちが事件について囁き合う声は聞いていた。その声から漏れこぼれた「血まみれ」と「おまわりさん」という二つのワードだけを無意識に拾ってしまい、それが一つのホラーワードと化して一人歩きし、怪談化した。金島さんはそう推考した。

しかし、ネットで調べても地元で殺人事件があったという証拠は見つけられなかった。

殺人なら、なにかしらの記録が残っているはずである。

母親のいうような事件は本当に起きていたのか、実際は殺人まで発展しなかった事件が誇張されたのか、あるいはこの事件自体が「血まみれのおまわりさん」から生み出された創作なのか、それはもう確かめようがなかった。

オーディションから三日が経った晩。

自宅で深夜番組を見ながらうつらうつらとしていると、子供の歌う声が聞こえてきた。

右隣の部屋か、あるいはそのさらに右隣の部屋の子供がベランダに出て、気持ちよく歌っている、そういう聞こえ方だった。

夜中に子供の歌声が聞こえてくるのは、この時が初めてではない。以前にも五、六回はあった。それも変な話で、金島さんの住んでいたのはワンルームばかりのマンション、入居者は皆、独身の一人暮らしばかりである。親戚の子でも預かって泊まらせているのかもしれないが、こんな時間に大声で歌わせるなんて非常識だと憤っていた。

それにしても、いったいこれはなんの歌だろう。なにを歌っているんだろう。

からからと窓を開け、歌声に耳を傾ける。

普段はなにを歌っているのかまで聞き取れないのだが、この日はところどころはっきりと聞き取れる部分もあった。

とくに歌詞の中で何度か繰り返される、

「ちまみれのおまわりさん」

そう聞こえる節が。

え、うそだろ。なんだこれ。

また耳をそばだててみるが、そう歌っているようにしか聞こえない。

曲調はこれまで聞いた子供の歌と違って初めて聞くもので、歌っている子が相当下手クソなのか、あるいはそういうものなのか、一定しない韻律が不安を誘うゾッとさせられる歌だった。

「いぬのおまわりさん」の間違いじゃないか。こんなひどい詞の歌があるわけがない。

事件をネットで調べたときに「血まみれのおまわりさん」も調べているので、あればそのときにこの歌もヒットしているはずだ。

興奮か怖れか、腕が鳥肌で毛羽立っていた。地元の一部で流行り、火花のように一瞬で消えた不気味な言葉を、まさか今になって歌という形で聞くことになるなんて誰が想像していただろう。

「ちまみれのおまわりさん」以外の歌詞は、なんといっているのだろうか。

息を止め、なんとか歌詞を拾おうと耳に手を当てた、その時だった。

子供の歌声は突然、右から左へと移った。

金島さんの部屋を跨《また》いで、歌声が反対側の部屋のベランダへと移動したのである。

その瞬間、これは聞こえてはならない歌声だと察し、急いで窓を閉めてイヤホンで音楽を大音量にして聞いた。


そのマンションも引っ越したので今も歌声が聞こえているのかは気になるが、確かめたいとは思わないそうだ。今でも「血まみれのおまわりさん」という言葉をおもいだすだけで、あの気味の悪い子供の歌声が頭の中で再生されるのだという。

ちなみにオーディションは合格されたそうである。

質問橋

「本気のやつなら五回くらいはやりました」

中條《なかじょう》くんは大学生の頃、自殺願望がとても強かった。

なんの前触れもなく、自分などこの世にはいらないという哀しい思いが降りてくる。

そうなると、もういてもたってもいられなくなり、手首を切るしかなくなるのだそうだ。

マンションの非常階段を上がってしばらく座り込んだり、飲めない酒と風邪薬の錠剤の小瓶を何本もテーブルに並べたり、両端を結んで輪にしたフェイスタオルをドアノブに引っ掛けて首を入れてみたり、未遂以前のものならもっとやっている。遺書はこれまでに四十通ほど書いているという。

そんな彼の容姿は、実に恵まれている。

モデル並みに背が高く、スラリとしてスタイルもいい。誰でも好印象を抱くような愛くるしい顔立ちをしており、性格も優しすぎるくらいである。どう考えても恋愛に不自由などしなさそうだが、驚くことにこれまで交際経験はゼロなのだという。

実に勿体ないが、彼の話を聞いてみると、なるほどと納得した。彼は繊細すぎるのである。

相手の態度や表情に対し過敏になりすぎて、少しでも言葉を濁されたり、作り笑いをされたりすると、気分を害してしまったのだと自責し、それをひと月もふた月も引きずってしまう。また、ピュアな性格ゆえ、嘘や冗談も本気に受け止めてしまい、相手の何気ない言葉に深く傷つくことが多かった。

とくに恋愛に失敗すると精神的ダメージは大きく、食事も喉を通らなくなり、復活するまで長い時間を要する。失敗といっても告白は一度もしたことがなく、そうなる以前に自分から勝手に諦め、勝手に失恋して落ち込んでいるのである。

彼の起こした自殺未遂のいくつかは、そうした一方的な失恋によって引き起こされたものであった。

「情けない話ですが、自分で考えて行動するのが本当に苦手なんです。考えすぎちゃって、すぐにだめだってなってしまう。本当は強い人に引っ張ってもらいたい性格なんで、ああしたほうがいい、こうしたほうがいいと決めてもらいたいんです。でもそれをいうと、女の人から大抵、ドン引かれますね」

だから、次のような体験をしたのかもしれない。

好きだった女性に「中條くんって顔だけだよね」と笑いながらいわれ、しばらく塞ぎこんだことがあった。

悪気のない言葉だったのかもしれないが、それは彼の心にザックリと刺さり、日々、痛みを増していった。考えれば考えるほど、自分がダメな存在におもえてきて、ある晩、ふと死のうという考えが降りてきた。

気がつくと寮の近くにある橋の上で、夜を映して真っ黒な川をぼうっと見下ろしていた。

どこまで本当の話かはわからないが、昔は自殺の多かった橋らしく、死んだ女の幽霊がたびたび目撃されていると聞いたことがあった。この世から消えてしまいたいのに、幽霊になっても残るなんて嫌だな、とおもった。

冷たい欄干に手を触れる。飛び降りたらいいのか、首を吊ったらいいのか。先輩方はこの橋で、どのような方法で世を去ったのか。

そんなことを考えていると橋のすぐ下から、

「どうします?」

老女とも子供ともとれる声が聞こえてきた。

夜闇の溜まる川やその周辺に目を凝らすが、暗くてなにも見えない。

「どうします?」

自分の立っている場所のすぐ足元のあたりから声は聞こえた。

死ぬのか、止《や》めるのか、どうします。

そう、訊かれているのだ。

急に背筋がぞくぞくとし、眼下の真っ黒な闇が怖くなった。

また、「どうします」と訊かれた。

なぜか、これ以上無視しては大変なことになるとおもった。

「まだ、やりません」

そうはっきりと答えて、中條くんはその場を後にした。

「もしあれが、『来い』って声だったら――」

きっと、飛び降りてましたね。

生気をほとんど持っていかれたような、消え入りそうな声と表情でいった。

朱

六年前のことである。

昭善《しょうぜん》さんは四十歳の誕生日に父親の墓参りにいった。

命日が同じ日なのだという。

朝早くに車で出て、途中で買い物やら食事やら寄り道をして霊園に着いたのは正午過ぎ。

さっそく墓を洗ってやろうと水道のある場所まで桶を持って向かっていると、おや、と足を止めた。

珍しい墓がある。

全面を朱色に塗られた、熱された鉄のような墓だ。

中央には四角い窪みがあり、そこに男性の顔がある。おそらく故人の遺影が入っているのだろう。

この遺影には仕掛けがあり、角度を変えて見ると顔が浮き出し、まるで動いているように見える。ホログラフィー技術が使われているようだった。

ずいぶん、おもいきったことをしたものだ。故人が望んでこうしてくれと頼んだのか。ならば、よほどの変人か芸術家気質の持ち主だったに違いない。あるいは職業や宗教に関係しているということも考えられる。

墓石屋も最近はなんでもやるんだな。

俺の墓は雀卓《じゃんたく》の形にでもしてもらおうか。

そんなことを考えながら桶に水を汲んで戻ってくると、あれ、とまた足を止めた。

朱色の墓がなくなっている。

そこにあるのは、去年も見たような普通のタイプの墓であった。

場所を間違えたのかと周囲を見回すと、先ほどの墓と同じ色の服を着た人の後ろ姿が墓石越しに跳ねるようにして遠のくのが見えたという。

笑う十円

「三十年以上も昔のことなので、まったく頼りない話になりますが」

テーブルの上には一枚の十円硬貨がある。これの話をするという。

朝森《あさもり》さんは小学二年生の頃、外で十円硬貨を拾った。

黒ずんで、傷だらけで、一カ所だけ青い黴《かび》のような色がついていた。

拾った金は交番に届けなくてはならないのはわかっていたが、初めて金を拾ったことに興奮したのか、つい持ち帰ってしまった。

夜になってから急に自分のしたことが怖くなり、胸がどきどきと大きく鳴り、息が苦しくなった。悪いことをするとこうなるのだとわかった。

親にはいいだせず、家にも置いてはおけず、元の場所に戻すにはもう時間も遅いし、明日早くに戻しにいったとしても、もしその場面を人に見られたら大変なことになってしまう。

そうかといって使うこともできない。罪はもっと大きくなるし、お店の人が親にバラすことも考えられる。

そうして、あるのに使えない金を持て余し、どうしよう、どうしよう、と困りはてたので、家でいちばん優しかった祖母にこっそりと相談した。

ところが、祖母は怖い顔になって「これはどこで拾った」と厳しい口調で問い質してきた。

こんな怖い祖母を視たのは初めてだったので朝森さんは号泣した。だから、どこで拾ったのかをちゃんと祖母に伝えられなかった。

「どうして落ちている金を拾ったんだ」

これ以上、怒られたくなかったので、「かわいかったから拾っちゃった」と言い訳をした。

十円硬貨の裏側には、マジックのようなもので笑った顔が描かれていた。

三本の曲線でできた、誰でも描ける笑い顔である。

ただ、その顔は元々描かれていたのではなく、もしかすると自分で描いたものかもしれないが、記憶が定かではない。

とにかく、その顔がかわいくて拾ってしまったということにすれば、怒られないとおもった。

祖母は十円硬貨の顔をしげしげと見つめ、「これはダメだ」といった。

「こんなものを持っていたら死ぬんだよ」

「どうして死んじゃうの？」

うるさい、と拳骨を喰らった。

「死ぬよ、死んだらこうなるんだ」

そういって、口をンガァっと開ける。おそらく、祖母なりの死んだふりの顔をして見せたのだろう。それは今でも鮮明に思い出せるくらい本当に気味の悪い顔で、祖母は執拗に見せてきた。

「これはやめときな」

そういって別の十円硬貨を朝森さんに渡した祖母は、顔の描かれたほうは自分が預かるといって持っていった。その日に祖母は死んでしまった。

葬儀の日には泣きすぎて、何度もゲロを吐いてしまった。祖母をしっかり見送ってあげた覚えがないので、きっとどこかで休まされていたのだろうという。

それからしばらく、自分の拾った十円硬貨のせいで祖母は死んでしまったのだという、子供が抱えるにはあまりにも重すぎる自責の念に駆られたそうだ。


二年前、実家に帰った時にそのことを思い出し、そういえば祖母の死因はなんだったのだろうと気になった。子供の頃は死んだ理由をよくわかっていなかった。

母に訊くと、いろいろと不審な点のある死に方だったことがわかった。

自分の部屋で倒れていた祖母は、見つかった時はもうすでに亡くなっていて、両腕と腰の骨が折れていた。高いところに上って足を滑らせるなどし、落ちたショックで心臓が止まったのだろうということだった。

ただ、その部屋には祖母が上れるような場所はなく、上る必要もなかったはずで、結局、本当の原因はなんなのか、家族の誰も知らなかった。

「もう少し生きていてほしかったんだけどねぇ」

そういうと母は遠い目をした。

もう時効だろうと、朝森さんは十円硬貨の話を初めて母にした。

母にとってそれは、祖母の死の原因の話ではなく、息子の懺悔《ざんげ》にしか聞こえなかっただろう。驚きも、怒りもしなかった。そういうことがあったんだねぇと、朝森さんが異常に泣いていた理由を初めて知ったという様子を見せただけだった。

「そうそう、十円で思い出したけど」

祖母の荷物をほとんど処分していないことを母は告げた。今も二階の物置部屋にあり、その中には祖母が貯め込んでいた小銭の入った瓶もあるはずだという。もし暇があるなら探して好きに使えばいいといわれた。

視界に入る二階へ続く階段が、急に禍々《まがまが》しいものを帯びたような気がした。

「まだ、祖母の荷物は整理してないんです。多分、ずっとしませんよ」

もし、あの十円硬貨が再び出てきたら、今度こそどうしていいのかわからないそうだ。

診察待ち

小糠《こぬか》さんが風邪をひいて近所のクリニックにいったときのこと。

午後に外せない用事があったため、開院と同時に入れるよう、早い時間に家を出た。ところがすでに十人が受付を済ませて待っており、その日に初めて開院十五分前から受付ができることを知った。

十人待ちは厳しい。しかも皆、お年寄りである。一人一人の診察時間が長い。

午後の予定に間に合うかなとスマホで時間をチラチラ見ながら待っていると、「こぬかさーん」と診察室から呼ばれた。

「あれ」と、きょろきょろ周りを見る。

自分より先に来ていた人たちが呼ばれていない。

とりあえず返事をして椅子を立つと、診察室から他の人の名前が呼ばれ、お婆さんが入っていった。まもなく何事もなかったかのように診察室の中から診察の声が聞こえてきた。

隣のおじさんからの視線に苦笑いを返し、座った瞬間、

「こぬかさーん」

今度の呼び声は診察室からではなく、その奥にある採血などをする部屋からだった。カーテンで仕切られ、ベッドが並んでいる広い部屋だ。診察でいきなりそこに呼ばれたことはないので、なんだろうと不安になった。

中に入ると看護師さんが忙しそうに「どうされました?」と訊くので、呼ばれたんでと答えると、別室に確認しに行ってすぐに戻ってきた。

「まだですね、もうしばらくお待ちください」

首を傾げながら戻った小糠さんに、診察待ちの人たちの視線が刺さる。恥ずかしさを誤魔化すため、子供の読むアンパンのヒーローが描かれた厚紙の絵本を読んで待っていると、また「こぬかさーん」と呼ばれる。

やはり採血室のほうから聞こえたが、今度は行かずに反応を待ってみた。

その判断は正解だったようで、返事をしなかったからといってなにもなく、それきり採血室から名前を呼ばれることはなかった。

一時間半後、しっかり十人目の後に診察室から先生に名前を呼ばれたという。

後からおもえば、あの声は他の人には聞こえていなかったような気がする。

不吉な予感しかしないので、そのクリニックにはいかないようにしているという。

診察待ち　二

朝から体調が悪かった日野《ひの》さんは、会社を早退して診察を受けにいった。

診察を待っているのは一人だけで、奥のベンチにマスクをつけた女性が座っている。額に汗を浮かせ、ずいぶん辛そうに見えた。

この頃はインフルエンザが流行《はや》っていた。多分、彼女もそうだろう。風邪で来たのに、そんな大物をもらっては困ると、なるべく女性とは広く間隔をあけて座り、院内に流れるテレビをぼうっと見ながら待っていた。

前の診察が長引いているのか、三十分経っても動きがない。

なにげなしにマスクの女性に目を向けると、マスクを顎《あご》まで下ろしており、苦しそうに目をつぶっている。汗だろう、顔がてかてかと蛍光灯の光を反射している。

彼女の斜め後ろの壁には消火栓があり、それと半分かぶるような位置に、お下げ髪の女の子の頭がある。

日野さんは目を何度も瞬《しばた》かせた。自分の視ているものがなんなのかわからない。どれだけ目を凝らしても、そこにお下げ髪の女の子の頭があるように見える。ベンチと壁の隙間は五センチもない。小さい子でも身体が入るような隙間ではないし、そもそも首から下がない。

なにをするでもなく、マスクの女性の頭に顔を埋めるようにしている。

女性が呼ばれ、診察室に入っていくと、お下げ髪の女の子の頭は消えていた。

しばらくして戻ってきた女性は、マスクの中で死にそうな咳を繰り返していた。

水鏡占い

「五十年も昔のことだから、ほとんどのことは忘れちゃってるね。でもこんな怖い占いは他に知らないから、そこだけはっきり覚えているんだろうね」

これは北濱《きたはま》氏の祖母が考案した占いの話である。

中学時代まで住んでいた邸宅の裏に変わった石があったという。

大きさは幼児が屈んだくらい、表面がつるりとしてなめらかで上の中央に窪みがある。

朝早くに見にいくと、窪みにはたっぷりと露《つゆ》が溜まっている。

祖母はその純粋な水を使って、独自の占いをやっていた。

やり方は簡単で、窪みの水面に自分の顔を映し、両手の指先でちょんとつつく。水に映る顔は波紋に乱れるが、その顔が元に戻らなければその日のうちに悪いことが起こる、というものだった。

「まず、そんなこと普通はならないからね。だから毎日、意味のないことをしているなあって婆ちゃんのことを馬鹿にしながら見てたんだよ」

ところが、どういう経緯があってそうなったのか、近所の人たちが毎朝のように家の裏にやって来て、占いをしていくようになった。祖母と年が近い人が多かったが、たまに二十歳くらいの若い女性も来て驚いた。見覚えのない顔がいることもあり、大抵は噂を知ってわざわざ遠くからやってきた人だったという。

朝、家の裏に行くと誰かしらが石を覗き込んでいる、ということがほぼ毎日続き、それまでまったくの無関心だった兄が「よし、俺たちもやるぞ」とやる気を出してしまった。

翌朝、兄に叩き起こされた北濱氏は引きずるように石のある場所まで連れていかれた。まだ完全に空が明けきっていなかったので、誰もいなかった。

兄は石の前に屈むと、自分の顔が映り込む水をいきおいよく両手の人差し指でつついた。すると、水面の兄の顔がぐにゃぐにゃと歪み、目も鼻も口もどこにあるのかわからなくなった。

「みろ、おもしろいぞ」

なにも面白いことなどなかった。

しばらく波が落ち着くのを待ったが、なかなか兄の顔は元の形に戻らない。ぐにゃぐにゃと歪んで、目も鼻も口もどこにあるのかわからない。水面を見つめる兄の顔がどんどん青褪めていくのがわかった。

「なんだよこれ、おかしいな」

兄は不安に無理やり張り付けたような、ぎこちない笑みを北濱氏に向けた。

水面はもうほとんど揺れていないのに、兄の顔は戻らない。

「おれ今日、なんかあるのかな。これ、当たるんだよな？」

兄は唇を震わせ、目に涙を浮かべていた。

結果をいえば、占いははずれた。

兄はこの日を無事に終えることができたからだ。

そして次の日、トラックに轢かれて死んだ。兄は顔がいちばんダメになっていた。

「あの占いが悪いんじゃなくて、アニキの運が悪かったんだろうけどね」

祖母が亡くなる随分と前に、石は何者かに持ち去られていたという。

白額

「あれは完全にイジメとかパシリでしたね」

伊坂《いさか》さんは高校生の頃、地元の先輩からよく呼び出され、夜遊びに付き合わされた。彼は別に不良ではなかったが、断ると目をつけられるので誘いには必ず応じ、とにかく楽しそうに繕《つくろ》っていたという。

夜遊びといっても、なにをするのかは決まっていない。先輩の運転するボンボンとうるさい車に乗せられ、女がいれば声をかけろといい、目つきの悪いヤツがいれば喧嘩を売ってこいと命じられる。先輩のさらに先輩という人がいると、もっと面倒になる。この先輩の先輩は完全に見た目がヤのつく人で、なにをして遊ぶのかはみんなその人の気分次第になる。

この夜はその先輩の先輩のおもいつきで、地元にある神社へ行くことになった。

普段からあまりひと気のない暗い場所で、鳥居も塗装が剥げてしまって落書きをされている。

本殿の裏の林の中には、夜中になると藁人形に五寸釘を打ち込んでいる女がいると噂があり、実際に木には釘を抜いたような痕跡がいくつも残っている。

お目当ては、この呪いをかけている女らしかった。

「若い女だったら連れてこいよ」

当然、伊坂さんが一人で行かされることになり、懐中電灯を持ってこわごわと本殿の裏に回った。

叫べば助けにいってやるといわれたが、今頃はみんな車の中で一服しているだろう。置き去りにして行ってしまったかもしれない。そういうヤツラだ。

だからこちらも、まともに任務を遂行するつもりはない。怪しい影をチラリとでも見かけたら、すぐに戻ってなにもいなかったというつもりだった。

しかし、幸い、本殿の裏に人影はなく、釘を打つ音もない。

胸を撫で下ろし、さあ戻ろうと踵を返すと、なにかに足のつま先が当たった。

懐中電灯の光を下ろすと、地面に黒い鬘《かつら》のようなものがある。

首に見えて一瞬だけ凍りついたが、地面よりそれほど浮いてはおらず、厚みのないものだ。つま先でつついても動かせない。土に埋まっているようである。

屈んで光を当ててみるが、黒い光沢のある部分と白い部分があるもので、いったいなんなのかは判断がつかない。

ま、いいか。

立ち上がろうとして、伊坂さんは「ああっ」と声を上げた。

突如それが、なにかわかったからだ。

髪の毛と額《ひたい》のセットだ。

土の中に人が埋まって、額から上だけが出ている。

絶叫をあげながら這うようにして戻ると、意外にも先輩たちは参道で煙草を吸いながら待っており、伊坂さんの話を聞くと一緒に本殿の裏までついてきた。

それはまだ、そこにあった。

黒い髪を頭頂部だけ残し、あとは土の中に埋まっている。額は異様に白かった。

いちばん上の先輩が「それ、死体が埋まってんぞ」と興奮気味にいう。

「掘ってみろよ、お前ら」

うええ、と先輩たちが厭そうな声をあげ、その後、一斉に伊坂さんを見た。お前がやれ、という目だ。

すると、足元から「うもー」と聞こえる声がし、足元の土がぐらぐらと揺れた。

全員、なにかを喚き散らしながら、その場から走って逃げだした。

翌日の夜、伊坂さんはまた先輩に呼び出された。

いちばん上の先輩の姿はなく、この日は走り屋の集まる峠や、駅付近の繁華街といった賑やかな場所に連れ回された。みんな、口数が少なかった。

昨晩の話題を誰もしないので、「昨日の神社のあれ気持ち悪かったスネ」とふると、その日、陽の上がっている時間に神社を確かめにいったのだという。

「もう、なかったけどな」

埋まっていたものが外へ出たような穴があったが、それはごくごく浅く、三十センチもない深さで、どうやっても人が一人埋まるには無理があったそうだ。

かまってちゃん

赤井《あかい》さんの知人に平尾《ひらお》という五つ年上の男がいた。

ＳＮＳのコミュニティーのオフ会で知り合った自称プログラマーで、あまり周りから好かれていない人物だった。

というのもこの男、いい年をして極度の「かまってちゃん」で、相手にしてもらいたいがために急に大声をあげて会話を邪魔してみたり、会話に無理やり割り込んで興味のない動画サイトをしつこく見せてこようとしたり、はっきりいって迷惑でしかない人物だった。

そんな彼が急死したと聞いた時は皆、とても驚いていた。

だが驚いただけだった。彼とは深い付き合いもなく、ゆえに哀しみもなく、顧みる思い出もない。コミュニティーのオフ会でも彼の死が話題にあがることはなく、その名前と存在は日を重ねるごとに記憶から霞《かす》んでいったという。


「そろそろ一周忌だね」

ある年の夏、コミュニティーのオフ会で珍しく彼の話題が出た。

ああ、もう一年か、と誰かがいった。

はやいもんだね、と誰かが溜め息を吐いた。

そこで平尾の話題は一旦尽きる。

本当なら故人を偲《しの》んで思い出話に花を咲かせるものなのだろうが、彼のことで盛り上がれるエピソードなんてものはなく、しんみりするような空気にもなれなかった。

それどころか、彼には申し訳ないが、この日は各々が溜め込んでいた平尾へのストレスを吐きだす「平尾被害者の会」になってしまった。


オフ会終了後の帰り際、こんな話になった。

「そういえば、よく平尾の命日を覚えてたな」

「そうだな、すげぇな」

「おれなんて知らなかったよ」

「わたしも」

ここにいる全員、今日が平尾の命日であるということを先ほど知ったばかりだった。

皆は顔を見合わせる。

「じゃあ、誰だよ、さっき、あいつの一周忌だなんていったの」

誰も名乗り出なかった。

皆、それきり押し黙ってしまい、最悪の空気の中で閉会したという。

ダブル悶絶

比嘉《ひが》さんの勤めていた金融会社は、繁華街の隅にある雑居ビルに入っていた。

屋上から薄汚れた町並みを眺めながら喫煙するのが好きで、休憩時間を大抵そこで過ごしていたという。

ある日の正午、いつものように屋上で一服つけながら携帯電話をいじっていた。

その日は気候がとても温かく、昼食後ということもあってぼうっとしていたのだろう。携帯電話を持ち直そうとした手がすべってしまった。

柵の隙間をすり抜け、二十メートル下の人通りの多い道に落ちたら大変なことになる、瞬間的にそうおもった比嘉さんは、柵に弾かれて軌道を変えた携帯電話を追って反射的に屈んだ。前がまったく見えていなかったのだろう、鉄の柵に頭をしたたかにぶつけてしまったという。

ゴイーンと鈍い音が響き、視界に星の光が弾けた。頭が割れんほどの激痛に襲われ、比嘉さんはそのまま背中からごろんと転がった。

両手で頭を押さえ、ウウウと呻《うめ》き声をあげながら死にかけの芋虫のように悶絶していると、すぐ近くになにかがあるのに気づく。

比嘉さんから二メートルも離れていない場所で、彼とまったく同じ色のスーツを着た男性が、彼と同じように転がって頭を押さえている。

今の醜態を目撃した同僚がふざけて真似をしているのだと腹立たしくなったが、よく見るとスーツだけでなく、顔も自分と瓜二つの人物である。

それだけではない。髪形も、掛けている眼鏡までもが同じだった。

ただ表情だけはなく、口を真一文字にし、目は一点を見つめているので、動きとまるで合っていない。

「だ、だれですか？」

頭を押さえながら訊ねると、比嘉さん似の人物は自身の肩越しに後ろを指さす。

その先には、数ヵ月前にこの屋上から飛び降りて死んだ、同ビルに入っている営業所の社員に手向けられた花が置かれていた。

どういうことなのか、まったくわからなかったが、「ああ、そうですか」と答えた。すると、蝋燭《ろうそく》の火を吹き消したように消えてしまった。

しばらくのあいだは、自分はこのまま死んでしまうのではないか、だからあんなものを視たのではないかと、呆然と空を見上げていたという。

飛び降りて亡くなったという人物との面識はなく、顔も素性もまるで知らないが、自分より二回り上の五十代の男性であるとだけ聞いているという。

ついてますよ

五年前、国門《くにかど》さんが西武新宿線に乗っていた時、一生に二度は見られないだろう珍しい光景に出くわしたという。

「どこの駅だったかは失念してしまったんですが」

二十代前半くらいの女性が乗ってきて、国門さんの正面の座席に座った。

かなり色っぽい服装だったので目のやり場に困っていると、発車して一分も経たず、女性の隣に座っている初老の男がそわそわとし始めた。

チラチラと女性を見て、いこうか、いくまいかと悩んでいるように見える。これはなにかやりそうだな、とワクワクしながら見ていた。

すると、男は急に立ち上がり、隣の女性にぼそぼそとした声でなにかを話しかけた。

女性は「は？」という顔をしている。

乗客の目がある中でナンパだろうか。だとしたら、とんでもない度胸の持ち主である。どんな展開になるのかと興味深く見ていると、どうも違うようだ。これはナンパではない。男のほうは、鳥肌がどうのと慌てた口調で喋っている。

はじめは女性の方は無視していたが、だんだん言葉を返すようになり、女性と初老の男の言い合いになっていく。

「悪いことはいわないから、絶対にしたほうがいいです」

「はあ？　さっきからなんなんですか？　気持ち悪いんだけど」

「神社でもいいですから、どうかいってください」

あなたのためですよ、と男は泣きそうな声でいった。

乗客たちは「ああ、おかしなおじさんに目をつけられて可哀想に」という顔をしている。

だが見ていると、強い態度に出ているのは女性のほうで、男のほうは「どうか頼みますから」と懇願している。これでは男のほうが被害者である。

そうなると、またちょっと面白そうな見世物になってくる。

「絶対にお祓《はら》いをやったほうがいい。あんたもう限界がきてるから」

「ちょっと、警察呼ぶよ。誰か警察呼んでくださーい」

「あなた、身体にねぇ、太い蛇が巻き付いてるんだよ、それ、悪い蛇だよ」

うわあ、このおじさん、かなりの重症だなぁ。

これにどう返すのかと女性を見ると、さっきまでの尖った顔からは一変、怯えるような表情を貼り付けている。

「え、蛇って……マジで、蛇？」

「いるよ、太いのが、なんなのこれ」

「ほんとですか？　うそ、やだ、どこでやればいいんですか？」

今度は女性のほうが泣きそうな声で訊ねている。

それから二人は落ち着いた状態で話し合いをしだし、なにかがまとまったのか、一緒に駅を降りていった。乗客たちは「今のなに」という視線を向け合っていた。

「こんな面白い光景とは、二度と出会えませんよ」

そういって国門さんは嬉しそうに頬《ほお》を膨《ふく》らませた。

バトンタッチ

二場《にば》さんの入学した高校は有名なヤンキー校だった。

『ビー・バップ・ハイスクール』をはじめとするヤンキー漫画が流行《はや》っていた時代なので、校内のあちこちに漫画から飛び出してきたようなキャラクター性の強い生徒がおり、先生は先生で極道のような面構《つらがま》えばかりいる、そんな学校だった。

別に二場さんは不良だったわけではなく、単に学力の問題でこの学校に入ることになってしまった不幸なケースの一人であった。周りの友人たちも「二日もつかどうか」といっていたし、二場さん本人も一日ももたないとおもっていた。

しかし、幸いなことに不良たちは仲間意識が強かった。これも漫画の影響だとはおもうが、見た目が大人しそうだからと二場さんをパシリに使ったり、小銭をせびったり、暴力を振るったりということはなく、「他校に絡まれたらいってこい」と、弱者に優しい頼もしい存在になってくれた。とはいえ、気軽に声を掛けて一緒に遊べるような関係になれるわけでもなく、しばらくはクラスで孤立していたという。

そんな二場さんとまったく同じ境遇の布川《ふかわ》という生徒と仲良くなったのは、入学して一週間を過ぎた頃だった。

学食で食事をしていると、地味なオーラを放っているおとなしそうな一年生が一人寂しくカレーを食べているのに目が留まり、勇気を出して隣に座ったことがきっかけだった。

その時は話しかけなかったが、それからなんとなく互いを意識し合うようになり、ある日、二場さんのほうから声をかけた。

二人とも孤立者であったからかすぐに仲が良くなり、休憩時間になると布川が二場さんの教室の前で待つようになった。まるで恋人のような関係であったという。

この布川が変わった体質だと知ったのは、会ってから一月《ひとつき》ほど経った頃だった。

一緒に学食へ移動しているとき、布川が急に足を止め、誰かに向かってゆっくり頭を下げた。

こんな丁寧な挨拶を誰に向けてしているのだろうと二場さんは前に目を向けたが、彼が頭を下げたあたりにはヤンキーがうじゃうじゃいる。

これが初めてではなく今までにも何度かあったので、クラスにヤバイ人でもいるのかと訊くと、「それは全然ないよ」と笑われた。彼も二場さん同様、不良たちからは悪い扱いは受けていないという。

じゃあ、誰に頭を下げたのかと問うと、

「ここ、よく通るからさ」

それは、他の人には視えないヒトなのだという。

馬鹿にされるから人にはいわないが、霊なのか異次元の人なのか、とにかく自分だけにしか視えないものがいて、そういうものとたまにすれ違うというのだ。

あまりに真顔で話すので、茶化すのは違うなと察した二場さんは「どんな格好してるの？」と当たり障《さわ》りのないことを訊いてみた。

「普通だよ。お爺さんだったり、若い女の人だったり。目が合うと挨拶してくるから、無視すると悪いなとおもってさ。まあ、これが面倒なんだけどね」

そういうヒトは見た目が普通なので外ではほとんど気づかないが、学校内でそういう姿は逆に目立つのでわかるのだという。

この時は、ただただ面食らったが、布川が真実をいっているとおもうようになったのは、学校の外でも同じ光景を見るようになってからだ。

布川は学校帰りの道で、誰もいない場所へ向かって丁寧に頭を下げたり、そこに小さい子供でもいるかのように笑顔で手を振ったりするが、その後これといったオチもない。そんなことをずっと続けるのは本気に他ならなかった。

布川自身の人間性にも不審なところはまったくなく、むしろ親友になれるくらいのいい人物《ひと》だった。だから、きっと彼には本物の幽霊みたいなものが視えているんだろうと信じたのだという。

ある日の学校帰り。

あいかわらず心安《こころやす》げに視えない相手と挨拶を交わす布川を見ていた二場さんは、おもわず「なんかいいよな」と声に出していた。

「なんか、そういうのいいよ、布川」

「え、ああ、そう？」

布川は意外そうな反応だった。

「人に視えないものが視えるなんて、漫画の主人公じゃん。俺だったらバンバン周りにいっちゃうよ」

布川にだけその力を与えられ、彼だけが他の世界を知っているなんて、かっこいいとおもえた。それに布川の様子から、視えない人たちは随分と親し気で優しそうにおもえたのだ。

「そんないいもんじゃないよ。面倒だし、代わって欲しいくらい」

「別にいいじゃん、挨拶くらいでしょ」

「そう？　じゃあ、代わる？」

「なに、修行とかしたら視れるの？」

「オッケーオッケー。それなら、いっとくよ」

まるで、誰かに頼んでやるよ、的ないい方だった。


その翌日、布川は休憩時間に顔を見せなかった。

欠席しているのかと彼の教室へいってみたら、席について一人で本を読んでいる。

廊下から何度か呼びかけたが本人は気づかず、立派な髪形のヤンキーに睨まれたのでその場を去った。

次の日から布川は学校に来なくなった。

嫌われたのだろうか。このあいだ「いいな」っていったのがいけなかったか。いや、彼を怒らせるような発言をした覚えはない。きっと別の事情ができたのだ。二場さんは彼の身を心配していた。

結局、布川は卒業の日まで姿を見せなかった。

もしかすると、とっくに退学していたのかもしれないという。

社会人になって一人暮らしを始めた時期から、二場さんの周りで急におかしなことが起こり始めた。

ホームで中年女性に呼び掛けられ、塩の塊《かたまり》を握らされた。

自宅マンションのエレベーター内で、火のついたお線香が立てかけられているのを見て、管理人に伝えてから戻ると消えていた。

街中で目が合った人にずっと後をつけられたり、夜中にインターホンが鳴ってドアスコープを覗いたら知らないお婆さんが立っていたりということも増えた。

つまり、そういうものの引きが強くなってしまったのである。

布川だろうとおもった。

彼がなんらかの方法を使って、自分になにかを押し付けた。

そんな気がしてならないという。

ひざのうら

宮里《みやざと》さんは一人暮らしなのでトイレで用を足すのもドアを閉めずにやる。

地震が起きた時、閉じ込められないためである。

家が歪んでドアが開かなくなると、なにかで聞いたことがあったのだ。


その日は二十二時頃に震度四の地震があった。

はじめは縦揺れで、そのあと大きな横揺れになった。あの大震災の恐怖を蘇らせる、大波にもてあそばれる船に乗っているような、とても厭な揺れだった。

テレビの地震速報によれば津波の心配はない。ああよかったと安堵の息を漏らすと同時に緊張の糸でも切れたのか、急に腹が痛くなった。痛みはすぐに強い便意となった。

持ち込んだ携帯電話で地震情報を確認しながら用を足した。ドアは三センチほど隙間を作って開けておいた。

ことが終わってトイレットペーパーをからからと引いていると、なにかを感じる。視線でもなく、気配でもない。しいていえば存在感のようなものを、とても近くに感じた。

そろそろと目を上げると、ドアの蝶番《ちょうつがい》側の隙間に白いものが見えた。

なんだろう。そこになにかを置いていたかと、記憶の中から思い返してみる。トイレの前はキッチンスペースで、トイレの側には何も置いていない。照明もついていないから、こうして白く見えるものなどないはずだ。

そういえば最近読んだ本でこんな怪談があったな。

宮里さんは怪談本の愛読者で竹書房文庫のシリーズもここ数年で出たものならほとんど読んでいる。どの本かは覚えていないが、まったく同じシチュエーションのトイレの怪談があった気がする。

幽霊。まあ、それはないにしても、これはなんだろう。

隙間に顔を近づけてみたり離してみたりするのだが、わかりそうでわからない。知らないものではないのだが、すぐにそれを示すイメージも言葉も頭の中で結ばれない。もっとドアを開けば答えはわかるのだが、そうせずに当ててやりたいという無意味な勝負心が働いていた。

諦めて回答を見ようとドアに手を当てた瞬間、急にイメージが結ばれた。

これは足だ。

膝の裏側があって、薄く血管の筋も見える。

ドアの向こうから、ほんとうに微かな声のようなものが聞こえ、宮里さんの足は反射的にドアを蹴り開けていた。ドアは向こう側にあるなにかにぶつかって、すぐに跳ね返るように戻ってきた。

すぐドアを閉め、ノブを握ったままガタガタと震えた。

それから小一時間ほどトイレの中でねばっていた。扉の向こうのものの動きはないが、開けた瞬間、それはいる気がする。もうすっかり、地震への恐怖はどこかへいっていた。

それからどれくらい頑張っていたのか、トイレという狭い空間に居続けることが精神的に疲れてきた。覚悟を決め、でもまたすぐに閉められるよう、慎重にドアを開いていく。

ドアはなにかにぶつかることなく開き、グレーで統一されたキッチンスペースが現れる。あの膝の裏の持ち主も立ってはいなかった。

トイレを出ると、家の室温がとんでもなく下がっていることに気がついた。

興奮が冷めないうちに、たった今見たもののことを伝えようと友人に電話をした。

「あ、いま大丈夫？　聞いてよ、たったいまさ……」

「ほろれ、ろれれ」

友人はろれつが回っていなかった。

居酒屋にでもいるのか周りの音や声が騒がしく、言葉を聞き取ることができない。

「もしもし？　いま外？　飲みいってんの？」

「ひゅろ、ほろろ、れろろ」

「はい？　酔ってんの？　なにいってるかぜんぜんわかんないんだけど」

向こうも会話にならないとおもったのか、いきなり通話を切られた。

ムッとして、それから何度かかけなおしたが電話は繋がらなかった。

後日、友人に電話のことで文句をいったが、宮里さんからはかかってきてないといわれた。その時間は自宅で借りていたＤＶＤを見ていたという。

ほら、と見せられた着信履歴に宮里さんの名はない。地震のせいで混線してたんじゃないかという。そんなはずはないと自分の携帯電話を見たが、あの日の友人への発信履歴は一件も残っていなかった。

ひとつになろう

坂本さんが職場の近くにある緑地公園で夜に見たものだという。

通勤に使っているスクーターが故障したので、公園を通ってゆっくり歩いて帰っていた。

遠回りにはなるのだが、園内は街灯も多く、近くにあるラブホテル街からあぶれてしまったカップルたちも多いので、暗い帰り路を歩くよりは安全だった。

人の目などお構いなしに絡み合う男女たちを横目でチラチラ見ながら歩いていると、前方のベンチに座っているカップルが目に入った。

女性はべったりと相手に身を預けて甘えているが、男性のほうは居住まいを崩さず表情も退屈そうに見える。はっきりと愛情の温度差がうかがえる痛々しい光景だ。

惚れたほうが負けなのよねぇ。

そんな演歌の歌詞のようなことをおもいながら、スマホをいじりだす。

これから二人の前を通るので、あなたたちには関心はありません、という意思表示だ。もちろん、どんなカップルか顔くらいは見ておくつもりだった。

もうまもなく温度差カップルのベンチの前にさしかかろうというところで、チラリと見る。

そこには想定していなかった光景があった。

男性だとおもっていたのは、ボーイッシュな雰囲気を持つベリーショートの女性で、ガラケーをいじりながらイヤホンでなにかを聴いている。

その隣に座って身を寄せているのはランジェリー姿の女性で、露《あら》わになった太腿《ふともも》に黒い痣《あざ》と煙草を押し付けたような火傷《やけど》の痕がいくつもあり、骨が浮くほど痩せていた。

これだけでも異様な光景なのだが、ランジェリーの女性はベリーショートの女性の肩から二の腕のあたりに、顔のほとんどが埋まっており、下顎より上が見えなかった。

あれはいったい、どういうことになっているのか。

盗み見ることも忘れ、ジッとその部分に目を凝らした。

そうして見ているうちに下顎も飲み込まれ、ランジェリーをつけた枯れ木のような痩躯《そうく》はどんどん傾いて、頸部《くび》、胸部《むね》とベリーショートの左腕に沈むように入り込んでいく。腕に口のある女が木乃伊《みいら》を捕食しているような光景だった。

視線に気づいたベリーショートの女性が顔を上げ、「なにか?」と訊いてきた。

坂本さんは「いえ、すいません」と頭を下げ、その場を足早に立ち去ったという。

ミセス・アンドウ

タキオさんの実家には、いつだれが買ったものかわからない本がある。

九十年代に発行されたワインの愉しみ方について書かれた本で、五年前に急逝した父親の自室にあるプラスチックケースの中に入っていたという。

このケースの中身は父親の遺品であり、母親がいるものといらないもので整理してまとめたものだったが、その本は誰も入れた覚えがない。なにより、父親は酒を飲まない人だったので、なぜワインの本なのかとみんなで首をかしげたものだった。

本はずいぶんと傷んでおり、ページの最後のほうにハガキより少し小さいサイズの黄色い紙が挟まっていた。

紙には実家と同区内にあるどこかの住所が書かれており、その下にはミセス・アンドウという人名らしきものがある。

メモ書きは父親の字にも見えるし、そうでないようにも見える。家族に見せたが、なにを指すメモなのか、だれもわからなかった。

「愛人の住所なんじゃない？」

妹がいいにくいことをいってくれた。女性の名前と住所があるなら、容易にその発想には到達できる。タキオさんも一度は考えたが、あの父親にかぎってそれはないといえた。それは家族だからわかることだった。

古書を買うと、たまに前の持ち主が栞《しおり》に使った紙などが挟まっていることがある。これもそういうものかもしれない。でももしかしたら、父親にとって、とても意味のあるメモなのかもしれないのだ。だから、捨てるに捨てられなかったのだという。

「なんかスイーツ店っぽくない？」

妹がミセス・アンドウに似た名前の店を知っているというのでネットで調べたが、それらしいものは出てこなかった。

では住所の方はどうかと検索すると、一件同じ住所の場所が見つかった。

「ああ」と家族で声を上げた。

それは父親の入っている納骨堂のある場所だった。

生前に自分の入るところを決めていたのか。だが父親は事故で亡くなり、それまで健康面の心配もなかった。年齢的にも死の準備を考えるにはまだ早すぎる。

「でも、あのひとっぽいんじゃない?」

母親は几帳面だった父親の性格なら、先のことを考えていてもおかしくないという。

タキオさんは母親の言葉に頷きながらも、どうもなにか引っ掛かるものがあったという。


それからしばらくして、ミセス・アンドウについて新たな展開があった。

妹が父親の使っていたパソコンを貰おうと中のデータをＵＳＢメモリに移動させていると、ミセス・アンドウの名のフォルダを見つけたのである。

中身は「七月六日」とタイトルのつけられたテキストファイル、それから夜間に撮影したらしい画像が数点。

テキストファイルはなにも書かれておらず、作られた日時は五月十三日。

画像はどこの場所なのかはわからないが、神社のようであった。

いずれの画像にも、赤茶色の髪を肩まで伸ばした、大きなサングラスをかけた女性が映り込んでおり、どれも腰から下が消え、後ろの景色が見えていた。

これが、ミセス・アンドウなのか。

それは家族のだれも見覚えのない人物だった。

妹は心霊写真だといって怖がっていたが、タキオさんはもっと違う意味を持つ画像なのではないかとおもっていた。

数ヵ月後、久しぶりにあの画像を見ようとすると、USBメモリからフォルダごと消去されていた。母親が消していた。

ここしばらくの母親の言動、表情に違和感を禁じ得ず、どうもあの画像からなにかに気づいたのではないだろうかと、タキオさんは推測している。

暗殺

横浜で警備会社の社長をされている田辺《たなべ》さんの体験である。

彼は人を殺した「かもしれない」という。

相手は二年前に求人誌を見て面接にやってきた黒田《くろだ》という二十歳の男。側頭部にイナズマ形の剃り込みがあり、両耳合わせて二十個ほどもピアスを付けた悪魔みたいな外見だが、なによりもまず態度がだめだった。

面接中、ガムをくちゃくちゃと音を立てて噛み、田辺さんが話しているあいだ、視線をあちこちに振って落ち着きがない。「大丈夫？」と訊くと、「あはい」と適当な返事をする。

三日ともたないだろうなとおもっていたが、自身もヤンチャな少年期を過ごしていたので、この手の人間への理解はあった。だから、面接だけでは判断せず、まずどんな人間でも使ってみてから判断することにしているという。

そういうわけで翌日の昼の現場から入ってもらうことにし、新品の作業服と誘導棒を渡した。

ところが当日、黒田と同じ現場に行かせた社員やバイトたちから怒りの報告が入った。何人かの財布が盗まれたのだという。

確証はないが、やったのは黒田に間違いはないとおもわれた。

彼を呼び出そうとしたが、電話は「使われておりません」と返ってくる。履歴書の住所を調べると、なんの関係もない水産系の会社だった。

やられた。完全にやられた。

証拠もないのに警察へ駆けこむわけにもいかない。あいつは今頃、盗んだ金でパチンコでもいっているのだろう。

黒田に対し、猛烈な怒りがわき起こった。

あいつは最初からこれが目的で面接を受けにきたのだ。一日だけ現場に出て、財布を盗んでトンズラするつもりだったのだ。

街中で見つけたら、ぶん殴ってから警察に突き出してやる。

考えれば考えるほど、怒りは膨らんでいった。


ある日、偶然にも町中で黒田を見かけた。

パチンコ屋から出てきたところだった。

田辺さんは慌てて顔を隠し、彼に気づかれぬように後をついていった。

やがて線路沿いにある薄汚いアパートに着いた。

黒田がドアの鍵を開けて中に入ろうとする瞬間を狙って自分も強引に押し入り、腕を後ろに捻《ひね》って床に押し付け、顔を何度も殴った。

黒田は暴れだし、田辺さんを突き飛ばすと台所から包丁を掴んで飛びかかってきた。

すぐさま包丁を奪い取り、黒田の後ろに回ってその口を手で塞ぎ、首を切りつける。

噴水のように血が上がり、天井にまで届く。黒田はもごもごと田辺さんの手の中で何かを喚《わめ》きながら目を白黒させている。そんな彼の脇腹を何度も包丁で突いた。

「大人をなめやがって、クソが」

死ね、死ね、と何度も何度も突き、守ろうとする手も貫き、刃の先が折れても突き、最後は苦悶の表情の真ん中に突き立てる。

アパートの部屋の窓から黒田を落とし、自分も窓から出ると死体を引き摺っていって線路に横たえる。これで自殺ってことになる。

全身が返り血でべとべとになっていたが、心はすっきりとして気持ちがよかった。


気がつくと、そんな妄想をしている。

この頃は毎日のように黒田を殺すイメージをしていた。

やられたことは何度殴っても気が晴れぬほど腹が立つが、殺す妄想までするとはおもわなかった。しかも惨殺だ。

田辺さんは自覚していなかった自身の激しい怒りに驚いていたという。


「昨日はデートだったんですかあ?」

ある朝、事務をやっている女性社員がニヤニヤしながら訊いてきた。

なんのことかと問うと、昨晩、田辺さんを見たのだという。

上から下まで光沢のある黒いエナメル質の引き締まったジャンプスーツのような服装で、女性社員宅の付近を歩いていたのだと。

そんなの別人だよと笑うと、とぼけているとおもわれたのか、「いいじゃないですか、カッコよかったですよ」と冷やかされた。

普段から移動時も紺の作業服である。上の息子も大学生になるというのに、エナメル質の服なんか着てチャラつくような年齢《とし》じゃない。

それから幾日も経たず、別の社員から同様の報告があった。

今度は会社付近のコンビニ横の駐車場で、峰不二子みたいな恰好の田辺さんが黒塗りのワゴンに寄りかかっていたというのである。

「挨拶をしようとおもったんですけど、機嫌悪そうだったんで声かけなかったんです」

なにかあったんですか、と訊かれた。

よほど自分とそっくりな人間が近くに住んでいるらしい。しかも、スパイ映画の主人公みたいな恰好をしている。見てみたいもんだなと思った。

ある日、奇妙な夢を見た。

以前にした妄想とほとんど同じで、たまたま町で見つけた黒田の後をつけていき、住居内で殺害後、線路の上に遺体を置く、というストーリーである。

妙に生々しく、殺害後の昂《たかぶ》りや焦燥のようなものが残っており、目覚めてから一時間経っても胸の鼓動が高鳴っていた。本物の殺人犯になったようなリアルな感覚だった。

ただ、妄想のような爽快さはない。夢には、妄想にはない続きがあった。

よくは覚えていないが、殺害がバレて警察に追われるような内容だった。

翌日、三度目の目撃情報があった。

「ああ、社長っ、なんだよかった、やっぱり違ったんだあ」

最初に田辺さんのそっくりさんを目撃した女性社員が、出社するなり安堵の声を上げた。

昨夕、体調不良で早退した彼女は、例の黒い田辺さんを目撃していた。

彼女の自宅付近には稲荷神社があり、そこに太い木が生えている。

そこを通りがかったとき、木の上の方になにかがあることに気づいたので近づいて見上げると、そこに例の黒い田辺さんがぶら下がっていたという。

ギョッとしてその場で尻餅をつき、再び見上げた時にはもういなくなっていたという。

「ほら、幽体離脱かもっておもったんですよ。わたし、そういうの視えちゃう性質だから。社長、最近疲れてるみたいだし、大丈夫かなって。ああでもよかった。首吊らないでくださいねぇ」

この話を聞かされている途中から田辺さんは尋常じゃない汗をかいていた。

忘却していた夢の断片が急に蘇っていたからである。

それは自分のことを見上げている、目の前にいる彼女の姿だった。

その後、黒い田辺さんは目撃されていない。黒田を殺す夢も見ていない。

気になることといえば、一度だけ洗面台に血のようなものがついていたことがあった。

赤いものを洗い流して、それが渇いたような痕跡で、家族に訊ねたが誰も知らなかった。

黒田は今頃どうしているのかと考えると。

どうにも座りが悪い気持ちになるという。

渇き

三年前、紅莉《あかり》さんは家族で三泊四日の温泉旅行にいった。

おみやげをたくさん買って夕方ごろ地元へ戻り、あと少しで自宅というところで先頭を歩いていた父親が足を止めた。

「おい、あれ」

そういって十数メートル先の自宅を指さす。

皆も足を止め、父親の示す先にじっと視線を留めていた。

母親が「うそ、やだ」と悲鳴のような声をあげ、続いて妹も怯えた声を上げて母親の服の裾を掴んだ。紅莉さんもわかった。

ベランダに人がいるのである。

旅行へは家族四人全員でいったので留守を預けた者はいない。

「警察、かける？」

妹がスマホのキーに指をかけている。

まて、と父親が止める。

「あれ、なんか変だよな。もしかして、首、吊ってないか？」

父親の言葉に紅莉さんはゾクリとし、ベランダへ目を細める。

いわれてみると、確かにそう見える。

「洗濯物とかじゃ、ないよな」

「干してないわよ、やだ、なんなの」

「そうか。やっぱり、人だよな」

警察に通報しようと妹が泣きそうな声をあげた。ベランダは紅莉さんと妹の部屋に取り付けられているものだった。妹はサイアク、サイアクと繰り返していた。

もし間違いなら恥をかくから、もう少し近くにいって見てくるというと、父親はすたすたと一人でいってしまい、家の中へと入っていった。

それから十分経ってもてこないので、大丈夫かしらと母親が父親の携帯電話にかけるが電源を切っているのか繋がらない。しかたなく、母親と妹と三人でベランダを見ないようにしながら小走りで家へ入ると、父親が台所で麦茶をがぶ飲みしているところだった。

「なにしてるの？」

母親がヒステリックな声を上げると、すまんすまんと父親は肩をすくめ、

「喉が渇いちゃってさあ」と、またコップの口まで注いでそれをゴクゴクと飲み干した。

「どうだったの？　見にいった？」

「ああ、ぜんぜんだよ。なんにもなかった」

そういってまたコップに麦茶を注ぐ。

「ぜんぜん、なんにもないんだよ」

「じゃあ、なにを間違えたの？　ちょっと紅莉と蒼莉《さおり》で見にいってくれない？」

やだよー、と妹が泣き顔で拒んだので、紅莉さんが一人で二階へ上がっていった。

自分たちの部屋の扉が開いたままになっており、父親の靴下が片方だけ戸口付近に

脱ぎ捨てられている。

部屋の窓は開いたままで、ベランダには確かに怪しいものはなく、首を吊った人と見間違えるようなものもない。

あんなにはっきりと家族全員で見たのに、と納得いかないまま下へ戻ると、父親はまだ麦茶をがぶがぶと飲んでいた。


いろいろあってみんな疲れていたので、夕食は出前にした。

父親はさっき母親に作らせた新たな麦茶を瓶一本独占し、馬みたいにがぶがぶ飲んでいる。その飲み方と、一点を見つめたままほとんど動かない父親の目に紅莉さんも妹も異常を感じていたが、二人とも口には出さなかった。

それから一週間後に父親の会社で勤務中に首を吊った人がいたが、父親もほとんど話したことのない人なので本件と関係があるとはおもえないという。

合わせて六本

龍二郎《たつじろう》さんの両手には、合わせて六本の指しかない。
四本は若い時の事故で失ってしまったのだという。
ご本人にいわせるとその経緯がとても「おもしろい」のだそうだ。

二十歳くらいまで、父親の仕事を手伝ってよく山に入っていた。芯のありそうな丈夫な木を選んで五、六人で伐り出し、親戚のやっている製材所までトラックで運ぶ。この作業を一日に何度も繰り返す。
父親は山にたいしてとても律儀な人で、いつも仕事終わりには、「山にお礼だ」

といって皆にお辞儀をさせてから山を下りる。本人がいちばんお辞儀の時間が長い。そういう性格を買われてか、父親は山仕事にあぶれたことは一度もなかった。

ある曇天の日、父親が急に腰痛をうったえたので、龍二郎さんと他の四人で山へ入った。

父親がいなくとも、いつも通りの本数をいつもより早い時間で伐り出すことができたので、なんとなく親離れできたような、一人前になったような得意な気持ちになった。本当はベテラン四人が頑張ってくれたからなのだが、この時は自分がいちばん働いたような気になっていたという。

無駄にやる気がわいてきてしまい、どうせ明日もまだ父親は動けないのだから今日のうちにもう何本か伐っておかないかと、龍二郎さんは四人に提案した。

山の持ち主に今日の本数はあらかじめ伝えてあるので、余計に伐るのはルール違反である。四人は渋い顔をしながらも、「まあ親方の息子のいうことだから」と一緒にきてくれた。

最後に選んだ木は根っこが土を固く掴んでおり、なかなか難しい一本だった。

掘りだす必要があったので、龍二郎さんはトラックまで掘削道具を取りに戻った。

途中、前方に走る人影があり、それがトラックのあるほうへ向かっていくのを見たので、物盗りじゃないだろうなと足を早めた。

トラックのそばに小学生くらいの男の子が俯《うつむ》き様に座り込んでいる。

いがぐり頭にぼろぼろの袖なしシャツと半ズボン、手には帳面を持ち、足の近くに短い鉛筆が転がっている。

「おう、こんなところでどうした坊主」

そう声をかけると、男の子はビクンと肩を震わせ、「かきたいものがない」という。

絵を、ということか。

「木でも空でもトラックでも、描くもんなんてなんでもそのへんにあるだろ」

「ひとがかきたい」

と、そこではじめて顔を上げた。

のっぺりとしているが、目がパチクリとした、可愛らしい顔をしていた。

「そうか、なら、オレを描いていいぞ」と、トラックの荷台に腰を掛けた。

男の子は喜んだ顔を見せると荷台の下にすべるように移動し、龍二郎さんをチラチラ見ながら帳面に鉛筆を走らせた。

「はやくしてくれよ、オレ、まだ仕事が残ってんだ」

不思議な気持ちだった。いつもならきっと、忙しいからと追い払っている。なぜか今は、この子に優しくしてやりたい気持ちになっていた。

目の前にトンボが飛んできた。

龍二郎さんの膝にとまり、翅《はね》を震わせている。見たことのないトンボだった。頭が透明で、翅が短く、胴に毛のようなものが生えている。

たぶん、珍しいヤツだ。捕まえて坊主にやったら喜ぶかな。

そんなことを考えていると、急に眠気が襲ってきた。

遠くでカラスの大きな声が聞こえた。

気がつくと、男の子はいなくなっていた。

帳面は開かれたまま地面に置き去りにされており、そこには幼い筆で描いた龍二郎さんの姿が描かれていた。

後で取りに戻ってくるかもしれないな。

空は雲行きが怪しく、いつ降るかもわからない。雨に濡れたら可哀想なので、帳面はトラックの運転席に置いておいた。


その日、龍二郎さんは作業中に事故に遭い、指を四本失った。

父親はあたりまえのことだ、といった。

「龍《たつ》、お前は山にたいして礼を欠いたんだ」

この手ではもう父親を手伝うこともできない。新たな仕事を探さねばならず、途方に暮れていたある日、仕事から帰ってきた父親が龍二郎さんに帳面を渡してきた。トラックの中にあったという。

困るだろうと拾っておいたが、どうせもう渡すことはできない。本人も諦めているだろう。

捨ててしまおうとおもったが、その前にもう一度、自分を描いた絵を見ようと帳面を開いた。

帳面の中には龍二郎さんの絵しかない。絵の龍二郎さんは、右手に四本、左手には二本、合わせて六本の指しか描かれていなかった。

捨てられていなければ、この絵は家のどこかにまだ残っているはずだという。

告白電話

琴美《ことみ》さんの実家にナカムラという人物から電話がかかってきたことがある。

『あの、琴美さんはいらっしゃいますか』

たまたま琴美さん本人がとったので、どちらのナカムラさんかと訊ねると、小・中学生の頃に何度か同じクラスになったことのあるナカムラシンジです、といわれたという。

ナカムラという子がクラスいたのはおぼえているが、もう十年以上も前である。ナカムラなんてよくある名前だし、何人も同じクラスになったことがあるからどんな男子だったのか、記憶のどこを探しても見つからない。

琴美はわたしですが——。

そう答えると、ナカムラは電話口で、ハッと息を吸い込むような音を聞かせた。

要件を訊ねると、それまで淀みなく話していたのが急に押し黙ってしまい、長い沈黙が訪れる。

「あの、イタズラなら切りますよ」

「ずっと好きでした」

小・中とずっと琴美さんのことが好きで、でも自分は大人しい性格だったので話しかけることもできず、こうして大人になった今でも、あの頃にもっと話しておけばよかったと後悔していた。つい先日、当時の写真を見ていたら、あの頃のおもいが蘇り、いてもたってもいられなくなって電話をかけてしまったのだという。

急にこんな電話がかかってくれば、普通は気持ちが悪いので切ってしまう。

しかし琴美さんは、そこまで悪い感情を抱《いだ》かなかったそうだ。

「ぶしつけな感じがまったくなくて、すごく丁寧だし、こっちを驚かせないようにと、すごく気を使ってるのが伝わるんです」

なにより、今どき珍しい電話での告白に、一瞬だけときめいたのだという。

生まれてから一度も、こうしたストレートな告白をうけたことがなかったそうだ。とはいえ、相手は顔も覚えていない相手である。そう簡単に警戒を解けなかった。ナカムラは小・中時代の思い出を話してくれた。琴美さんが虫歯予防ポスターのコンクールで表彰されて朝礼台に立ったこと、給食の時間にクラスの男子と喧嘩して先生に怒られたこと、バドミントン部の部長をやっていたこと、学年マラソン大会で八位だったこと。

本人も忘れているようなことまで彼は、まるで昨日のことのように語った。

それでも相手の顔をまったくおもいだせないので、琴美さんからもいろいろと話題をふってみた。あなたのことはまったく知らないといったらショックを受けるとおもい、相手からの情報で少しでもおもいだしてあげようとおもったのだが、できなかった。

またかけてもいいですか、と遠慮がちにいわれたので、電話ぐらいならと答えた。

受話器を置くとすぐ小・中学校の卒業アルバムを引っ張り出し、ナカムラシンジを探した。

中村、仲村、どちらの苗字もあったが、シンジという名前はみつからない。親が離婚して苗字が変わることはあっても下の名前までは変わらないはずだ。

ナカムラシンジはいなかった。

そんなはずはない。同じ学校にいて、自分のことをずっと見ていたから、あんな会話ができたのだ。でも、その名前の生徒は小・中学校のアルバムの中に存在しない。

――自分のことを自分より知っている、存在しない生徒。

急に怖くなった琴美さんは、今も仲のいい小・中時代の友人にメールをした。するとすぐ携帯のほうにかかってきたので改めて事の次第を説明する。

「ナカムラシンジ、知らないなあ。あれじゃないの、卒業前に引っ越しちゃってアルバムに載ってないとか」

「中学が一緒なら小学校の卒アルには載ってるでしょ」

「あ、そうか。じゃあ、やっぱりイタズラなんじゃない?」

悪戯にしては知り過ぎている。まったくの他人というわけではないはずだ。

これが本当に悪戯だとして、自分をよく知る元クラスメイトの誰かの仕業だと考えると、それはそれで気味が悪い。

「あれ、待って。ナカムラシンジっていった？　シンゴじゃなく？」

「シンジっていってたけど」

「そっか、なら違うか」

「なに、ナカムラシンゴなら知ってるの？」

ああうん、と曖昧に返すので気になって誰なのかを問うと、小学生の頃に琴美さんと友人は一度だけ同じクラスになったことがあるらしい。

ただ、その子は病気がちでほとんど学校へは来ていなかったので印象には残っていないはずだという。琴美さんはまったく心当たりがなかった。

友人がその名前を覚えていたのは、家が近かったのでよく先生に頼まれてプリントなどを届けに家へいったからだという。

「でもその子、中学に入る前に死んでるからさ」

その後、外出中に『昔の同級生って人から電話があったよ』と母親からメールが来た。電話の相手は名乗らず、琴美さんへの謝罪の言葉を口にして電話を切ったという。

「中学校に入る前に亡くなったのに、中学生の頃の私のことをよく知っていたんです。それって、死んじゃってからも、ずっとそばで視ていたってことですよね」

今も見てるんですかね。

琴美さんは嬉しいような、困ったような、複雑な表情をしていた。

懇願

大澤《おおさわ》さんは見るからに職人気質《かたぎ》の人である。

その見た目以上に仕事に対してとても実直であり、自信もあって、ゆえに自分の言葉は絶対に曲げず、なにより軟弱を嫌い、頑固者である。

そういう方なので、この手の「在るか無いか」わからない、ふわふわとして掴みどころのないジャンルは拒絶されるものだとおもっていた。

というのも大澤さんとは怪談の取材という形でお会いしたのではなく、怪談とはほど遠い、むしろ正反対のところにある、まったくの別件でご縁を頂いたのである。

ところが話し込んでみると、大澤さんはなかなか怪談に理解のある方で、しかも完全に「視る」側の人であった。

大澤さんには妻と三人の息子がいるが、今現在、女に言い寄られているらしい。

薄い黄色のタートルネックを着た四十絡みの中々の美人で、二年ほど前、なんの前触れもなく家の中に現れた。以来、たびたび現れては、大澤さんを見ると寄ってくるようになった。

この女、寄ってはくるが、しつこくはない。角を曲がるとか、風呂場やトイレに入るとか、いったん視界からはずしてしまえば、戻るといなくなっている。

じゃあ、消極的なのかというと、夫婦の寝室に現れて一時間以上佇《たたず》んでいるという図太さも兼ね備えている。その一時間の中で女は一言、二言、聞き取れないくらいの小さな声を発するそうで、大澤さんいわく、自分に対するラブコールに近いものだろうという。

大澤さんには視えて、その息子や妻には視えず、家の中を自由に出たり消えたりしていることからも、女はこの世のものでないことは確かだろう。

ただ、必ずしも死者ではないと私はおもった。大澤さんの話をうかがいながら、「なんかコイツ生霊くさいヤツだな」とおもっていたのだ。だからちょっとだけ、意地悪な疑問を投げかけてみた。

「ほんとに心当たりはないんですよね？　でも、知らない女がそんなに執着するのかな」

「それがまったく知らない女ってわけでもなくてさ」

大澤さんは昔から彼女に会っているのだという。


その女を初めて視たのは小学生の頃だという。

今はもうないが、実家の裏手の雑木林の中に名馬伝説のある古い塚があった。名馬伝説というわりには知られていないようなので、祖父の嘘かもしれないという。

とにかくなにかの塚があって、そこは昼間でも暗く、土がべたべたと湿っているから、わざわざ近寄ることもなかった。

ある日、弟とキャッチボールをしていたらボールが雑木林のほうへ転がっていってしまい、入らざるを得なくなった。弟はひどく怖がってしまい、泣きながら入るのを拒んだので、しかたなく大澤さんが一人でボールをとりにいった。

雑木林の中に入っていくと母親ほどの女が一人で立っており、塚に向かって手を合わせている。

大澤さんは人がいたことにホッとし、女性に元気よく挨拶をした。

すると女はそばに寄ってきて、お腹や肩をぺたぺたと触ってくる。ぺたぺたと触りながら、ぼそぼそとなにかをいうと、さっき塚にやっていたように大澤さんに手を合わせる。

大澤さんはいろいろと話しかけたが、女はよくわからないことばかりをいって、再び大澤さんの身体をぺたぺた触ってくる。大澤さんも負けじと女の腹や胸をぺたぺたと触り返す。

そんなことをしていたら、兄を呼ぶ弟の声が近づいてきた。

すると女は、色が薄らいでいくように消えてしまった。

「あの時の女が、顔も服装も当時のままの格好で今も出てくるんだよ。あの頃は多分、子供を触りたいってだけのヤツだったんだろうけど」

今は歳も近くなり、一人の男として見るようになったのではないかと大澤さんはいう。

「でもまあ、それを聞いたらそんなに悪いことはしない気がしますよね」

「それがそうでもなくてさ」

一度だけだが、寝室で寝ている妻の枕元に女が座り込んで、手を合わせているのを目の当たりにしたことがあるという。

女はそのとき、はじめてはっきりとした声で、

「しんで」

そういったのだという。

「ありゃ、ロクな女じゃないよ」

そういうと大澤さんは大きく嘆息した。

散髪奇譚

電車での国内旅行が趣味の渡辺さんは、これまでいちばん印象的だったという、ある山陰の町での思い出を語ってくれた。

彼は旅の行き先を決める時、路線図などを眺めて変わった駅名があると降りてみるという方法をとる。そのほうが、あまり知られていない名物料理や隠れ名所と出会えることがあるし、昔ながらの商店などが残っていて懐かしい品物と再会できることがあるのだという。

彼の望む旅とは、時代に取り残された色褪《いろあ》せた町をゆっくり巡ることであった。


ある年の秋ごろ。

旅の行き先に選んだのは、とても変わった名を持つ駅だった。

初めて知った駅だったが、その駅名の字並びを見た時、ビビッときた。

これまでの旅で培《つちか》われてきた勘も「行け」といっている。

こんなことは初めてだったので、かなりの期待を抱いていたという。

ところが、駅を降りた渡辺さんは落胆した。駅周りはだいぶ発展しており、都会ではどこでも見られるファストフードやカフェ、コンビニが出迎えた。昼時だったためか人通りもかなりあり、けっこう派手目の女性が多かった。

ひなびた街並みを期待していたので肩透かしをくらった形にはなったが、ここでがっかりして帰ってはいけない。時代に取り残されぬよう、駅前だけ精一杯がんばっているのかもしれない。そういう町にも何度か訪れたことがあった。

駅を背に、しばらくまっすぐ歩いてみることにした。

すると、だんだんと町の色がくすんで地味になっていく。

昔は鮮やかであった建物や看板は色落ちし、アーケードの装飾や商店のシャッターに描かれた動物の絵が古臭い。町がだんだんと眠たげで、薄弱な相になっていく。

これこそ渡辺さん好みの町並みであった。自分の勘は間違っていなかったのだ。

こうなってくると食事処や商店にも入ってみたいが、興味をそそるような店はどこも、かなり前に閉店してしまっているようだった。

そんなとき、床屋の看板が目に留まる。

硝子戸から店内を覗くと、エプロン姿の白髪の男性が暇そうに漫画雑誌を読んでいる。髪をつまんで長さを確認し、よし、と頷く。

旅先で散髪というのもオツかもしれない。そろそろ切りたいとおもっていたところだ。

こんにちは、と店内に入ると、雑誌を読んでいた白髪の主人がびっくりした顔を跳ね上げ、「え、どんな感じに切ります？」といきなりカットの仕方を訊ねてきた。店内は外から見たよりも照明が暗かった。

散髪中、主人からいろいろ話をふられた。天気とか政治とか国際問題とか興味のない話題だったが、こういう町で床屋の主人とこういう話をするのも、いい思い出になる。

すると、パタリと主人が話しかけなくなったので、ドラマの再放送をやっているテレビをぼんやり見ていた。

カットの具合を見ようと正面の鏡に目を移した渡辺さんは、おもわず二度見した。

渡辺さんの首のあたりに一対の手があった。

主人の両手は散髪で塞がっている。その手はバーバーチェアの背もたれの後ろから伸ばされ、右と左を重ね、今にも渡辺さんの首を掴まんとしているように見えた。

指の長い、おそらく、女の手だ。

「ちょっとちょっと！」

渡辺さんは椅子を立ち、胸元を手で叩いて払った。

「お客さん、どうしたの、危ないよ！」

自分の首にも鏡の中にも、あの手はなかった。

渡辺さんは椅子の後ろを確認し、いま視たもののことを主人に伝えた。

「まあ、ここは田舎だからね、そういうこともあるかも」

そういう主人の額をよく見ると、大粒の汗がふき出ている。

虫の報せが、ここはヨクナイといっている。

まだ散髪は途中だったが、一刻も早くここを出るべきと判断し、引き止める主人を振り払って支払いを済ませる。
床屋の硝子戸《がらす》の向こうから主人が愛想笑いを見せてきた。
その笑みに薄ら寒さを覚え、早々にこの町を後にしたという。

借りていたＣＤ

清水《しみず》氏は一昨年の夏、高校時代の友人が企画した「南関東心霊スポットツアー」につき合わされた。

ガキ臭いのではじめは断っていたのだが、

「せっかくの夏なんだし、みんなで集まってワアッとはっちゃけようゼ！」

という友人の必死な誘いに仕方なく乗ってあげたのだ。

それから手あたり次第に声をかけたようだが、参加者は企画の考案者である友人と清水氏の二人のみという惨憺《さんたん》たる結果だった。

心なしか落ち込んだ様子の友人が運転する車で、廃墟や神社、公園といった、いかにもその手の噂の立ちそうな暗くて陰気臭い場所を巡った。

「よし、とっておきの怖い話してやるよ」

いつもの調子を取り戻した友人は、本やネットで調べあげたオカルトネタを、さも自分の体験談であるかのように得意げに語りだした。彼はこの手の話が好きなので、語りながら飛び跳ねてみたり、絶叫したりするなどして、異様なテンションを見せ始めた。

一方、清水氏はまったくもって興味がないので友人の話はぜんぜん頭に入ってこず、適当に相槌を打っていたという。


「――って、まだ借りてなかったろ？　まだ聞いてないんだよな？」

急に話をふられた清水氏は「お？　おう」とたどたどしく返した。

いつの間にかオカルトトークは終わっていたらしい。別の話題に変わっている。

「だよな。だとおもってたんだよ。なんか悪いなあ」

「あ、ああ、別にいいよ」

自分で答えておきながら、なにが別にいいのかわからない。今さら、まったく聞いていませんでしたともいえないので、どんな話になっているのか友人のトークからヒントを見つけようとおもった。

「そういうわけだからさ、返さなきゃいけないなって、ずっとおもってたんだよ。でも、つい忘れちゃって、会うとおもいだすんだけどね。流行《はや》ってたけど、あんまりオレの好きな曲入ってなかったからそんなに聴いてもなかったしさあ、傷つけたりする前に返したかったんだけど、いつもタイミング逃しちゃって、そんで卒業しちゃったじゃん？　そっからも連絡とかしてないし、返せないままなんだよ。オレ、借りパクしたとおもわれてるかもなあ、やだなぁ」

どうも学生時代にクラスメイトから借りたＣＤの話になっているようだった。

「実は今日、持ってきてんのよ。聴く？」

そういって路肩に車を止めた友人は、後部座席にあったＣＤを手にとった。

ジャケットはなく、割れた透明のケースの中にオレンジ色のディスクが入っている。

そういうラベルのデザインなのか、太マジックのような黒い字体で「鬼」と書かれていた。

高校時代に流行っていたなら爆風スランプかリンドバーグだとおもったが、こんなタイトルのアルバムは知らない。長渕かな、とおもったという。

「んじゃ、かけるよ。うわあ、聞くの何年ぶりだろ」

流れだしたのは歌ではなく、男の低い唸り声だった。

車が走りだし、走行音と男の唸りが重なる。

いつ派手な曲になって歌が始まるのかと耳を傾けているが、ずっと「ううう」という声だけで、たまに抑揚はつくが大きく曲調が変化することもない。こういう曲か演出なんだろうが、ちょっと長すぎるなとおもった。

「これなんのCD？　ホラー映画のサントラとか？」

シッ、と質問を遮られる。

「ここからなんだから。ここから」

キシシシと妙に楽しそうに笑っている。

なにが「ここから」なのか、十分聞いても二十分聞いても、男の唸り声が延々と続くだけで歌が始まらない。

「なあ、もう気味が悪いから他の流せよ」

「いやあ、今聴くとまた、違った感想になるなあ」

「おい、人の話、聞けよ」

「どうして二枚目出さなかったのかね、まあいろいろあるんだろうな」

友人の耳に清水氏の言葉は届いていない。

さすがに変だ。こんな馬鹿げたＣＤ、誰も買うわけない。きっと今夜の雰囲気作りにと、友人が作ったものなのだ。聞こえていないフリも、自分を怖がらせようとしているのだろう。

こういう茶番には付き合いきれないので、清水氏はＣＤを抜こうとイジェクトボタンに手を伸ばした。すると、横から本気の蹴りを入れられた。

「なにしてんだっ、聴いてんだろうがよ！」

蹴った上にいきなり怒りだした友人に腹が立ち、「オイ」と顔を覗き込んだ。

友人の黒目が両方とも正面を見ておらず、真上に向いている。

「やっべえ、やっべえ」と情けない声をあげながら友人は急に車をＵターンさせ、かなりの速度を出して今来た道を戻っていく。

友人が本当におかしくなったのだとおもい、車を止めてくれと必死で説得すると「ああ、わるい」といって速度を落としてくれた。目は元に戻っていたという。

地元の駅の前で清水氏を降ろすと、友人はなにもいわずに去っていった。

ＣＤは清水氏を降ろす時まで、ずっと流れていた。


それから何度か電話があったが誰と勘違いしているのか、「あの水族館すごかったな」「またあのトンネル見にいこうな」と、まったく覚えのない話をされたという。

ここしばらく連絡をとっていないので、そろそろメールぐらいは送ろうとおもっているそうだ。

地底人、コワイ

キミマロさんが中学生の頃、観測史上最大レベルの台風が関東に上陸した。

「ヤバイよ、ねえ、ヤバイよ、起きてよ」

その夜、眠っていたところを揺り起こされた。確か、午前一時頃であったという。三つ年下の小学生の弟が不安そうな顔をしてキミマロさんを見ている。一度、泣いたような跡が頬に残っていた。

どうした、と訊くと、こわい音が聞こえてきて眠れないという。

暴風域に入ったのか、嘶《いなな》くような風の音やトタンを激しく叩く物騒な音が外から聞こえてきたが、眠りを妨げるほどではなかった。

「布団かぶったら聞こえないよ」

「違うよ、ほら」

そういって弟は耳に手を当て、

「ほらほら、なんか聞こえる、聞こえるでしょ」

耳をそばだてると、確かになにかの音が聞こえる。

キミマロさんは床に耳をつけた。どうも、この下から聞こえてくる。

自転車のペダルがどこかを擦《こす》っているときみたいな、シャコン、シャコンという音だった。

「なんだろうな」

「地底人だよ、地底人の足音だよ」

弟はそういうと表情を強張《こわば》らせた。

怖い夢でも見たのだろう。あれは足音には聞こえない。足音ならコツコツとかパタパタだ。逆にどう聞いたらあれが足音になるのか知りたかった。

「ね、ゼッタイに地底人だよね？　これヤバイよね」

オレ、地底人はいやだよ、あれは怖いよ。

あんまり怖がるので弟を連れて両親の寝室へいったが、父も母もいなかった。

明かりはついているが布団はもぬけの殻である。台風の様子でも見にいったのかとおもったが、父が外出時に使っているサンダルが玄関にある。外じゃないならと家中を探して回ったが、どこにもいない。

「地底人がくるからだよ。オレたち捨てられたんだ。地底人にあげられちゃったんだよ。こういうの言葉があるんだよね、えーと、イケ、イケ」

「イケニエ？」

「そう、イケニエ、オレたちイケニエだ」

キミマロさんはパニック状態の弟をなんとか落ち着かせるため、「父さんも母さんもそんなことしない」「地底人なんてこの世にいない」と、言葉をかけてあげた。

風が強くなってきたのか、家の中でミシミシと鳴りだした。

家が倒れないだろうか。どうしてこんな夜に父も母もいないのか。

どんどん不安になっていった。

地底人、地底人と弟があまりに怖がるので、「あれは明るいのが苦手なんだ」と二人で家中の電気をつけてまわり、居間でテレビを見ながら両親が帰ってくるのを待った。

ふと、「地底人の足音」はどうなったのかと寝室に戻って床に耳をつけると、シャコン、シャコンという音はまだ聞こえていた。

不安疲れか、弟が眠ってしまったので毛布を掛けてやった。その隣でキミマロさんも横になると睡魔が近づいてきた。親が戻るまで眠るわけにはいかないので、うつらうつらとしながら抗っていると、廊下で家の電話が鳴りだした。

こんな時間にかかって来る電話なんて普通じゃない。

出たくはないが……でも親からかもしれない。

一人で電話を取る勇気がなく、弟を起こそうとするが、あれだけ音に敏感になって眠れないといっていたのに電話の音にはまったく無反応で、どんなに強く揺すっても迷惑そうに顔を歪めるだけで起きなかった。

一向に鳴り止まないので恐々《こわごわ》と電話に出ると、相手は無言でヒュウヒュウと呼吸の音だけを聞かせてくる。

「いたずらですか」

そう訊いてもヒュウヒュウと返ってくるので、受話器を放り出してリビングに戻り、弟にかけた毛布の中に自分も潜り込んだ。


昔、そんなことがあったよな、と五年前に帰省した時、弟に話した。

すっかり髭《ひげ》が似合う顔になった弟はキョトンとした顔から、プッとふき出し、

「なにいってんだよ」

と、手を叩いて爆笑した。

「ぜんぜん違うよアニキ、逆、逆」

地底人がどうとかいっていたのはアニキのほうで、夜中に起こされて家の中ぐるぐる連れ回されたのはオレのほうだよ、という。

「んなわけあるかよ、ギャンギャン泣いてたじゃねぇか」

「だから、それもアニキだって。騒ぐだけ騒いで、先に寝ちゃってさあ。あんときは参ったよなあ」

その場にいた両親にも当時のことを話したが、台風の来ている夜中に子供だけを残

して家を空けるわけがないし、そうする意味がないと真顔で一蹴《いっしゅう》された。

もっともなのだが、しかしそうなると辻褄《つじつま》の合わない点が出てくる。

ただ、この辻褄を合わせるのが正しいことなのかはわかりかねるので、それ以来家族にあの話はしていないという。

痛夢

彩子《あやこ》さんは二年前に一人暮らしを始めた。

引っ越してから三日目の夜、自宅で就寝中に初めて痛みのある夢を見たという。

経緯は覚えていないが、彩子さんは暗い部屋の中で囚《とら》われの身になっている。

大きな白いガーゼのようなものが敷かれた、椅子もテーブルもなにもない暗い部屋の中で、手足を縄のようなもので縛られて転がされている。

これから処刑されるとわかっているので大声で命乞いをするのだが、誰かがそばにいる気配がまったくない。自分は一人なんだと絶望的になる。

すると、気配がなかったはずの闇の中から二本の太い手が現れ、彩子さんの身体を押さえ込んでくる。抵抗を諦めたくなるほどの圧倒的な力で、そのうち手足の付け根が熱くなり、その熱さは痛みへと変わる。

どうも、もう処刑が始まっているらしく、大きな刀のようなもので自分は手足を切り落とされている。

刃が骨に当たるごりごりという音がすごくうるさくて、ゆるしてください、ゆるしてください、と叫ぶのだが、そばに人のいる気配はない。気配はないが、何者かにごりごりと切り落とされている。


目覚めてからも、しばらく痛みの感覚が残っていた。正確には痛みではなく、「さっきまで痛かった」という感覚である。

あまりに生々しい夢だったので本当に我が身になにもなかったのかと、切り落とされていた手足の付け根を見てみたが、もちろん異常などあるわけがない。

そんな心配をしてしまうほど、夢の中では本当に痛かった。

「あれ、なにこれ」

汗の染み込んだ枕にキスマークのような赤い汚れがあるのを見つけた。

寝る前にはなかったものだ。こんなに濃い色のリップは持っていないし、そもそも化粧をしたまま寝ることなどなかった。

見れば見るほど汚れは唇の形をしており、薄黒い赤色は血のようにも見えた。

口の中を切ったり、唇を噛んだりした痕《あと》はなく、口をゆすいでも水は血で濁らない。鼻血や面皰《にきび》も疑ったがいずれもなく、枕に血がつくような原因が他に見つからない。いったいどこから出た「赤色」なのか、皆目見当がつかないという。


そんなことがあったと母親に電話で話すと、十秒ほどの沈黙の後に「あの人は来なかった？」と訊かれた。

「だれ？」

お父さんよ、という。

「は？　来るわけないじゃん、え、なんで？」

「あのね、いわなくていいとおもってたんだけど、あなた、ちょうど電話くれたから話しておくわ。なにかのアレになるかもしれないし」

そういうと母親は先日観たというビデオの話をした。


久しぶりに昔のアルバムが見たくなったのだという。

だが、あるとおもっていた押入れの中にはなかったので、もしかしたらあそこにあるのかもしれないと、半年ぶりくらいに父親の書斎に入ったのだそうだ。

すると、入ってすぐの床の上にビデオテープが落ちている。

父親はなんでも録画して溜め込んでおく人だったので、この部屋では珍しくない拾得物なのだが、ラベルが貼られていないのがなんとなく気になった。

せっかく部屋にはデッキもあるので再生してみたのだという。

こんな内容だった。

薄暗い寝室。

布団の上で若い女性が仰向けの状態で死んでいる。

しばらく、カメラはその死体を映している。

そこにドスドスと大柄な男がやってきて、遺体に跨《まらが》ったかとおもうと鋸《のこぎり》で解体を始める。しばらくのあいだ、鋸を動かす男の背中だけが映される。

やがて、「やめて」という女性のヒステリックな声が男の背中に掛けられる。男は手を止めて振り向くが、しばらく考え込むような顔をした後、また鋸を動かしだす。

女性の声は「ごめんね、ごめんね」と繰り返され、五回目の「ごめんね」の途中で映像はブツリと終わる。

「あなた、こんな内容のドラマとか知ってる？　見てる？」

「ううん、知らない。お父さんのだから昔のなんじゃない？　そのビデオがなんなの？」

「そっくりなの」

映像の中で解体されている女性の死体が彩子さんにそっくりなのだという。

顔も体つきも今の彩子さんと同じで、本人がエキストラをやっているといわれても疑わないほどらしい。

それだけではない。死体を解体している男のほうは彩子さんの父親にとてもよく似ており、ドスドスと歩く感じや背中の筋肉の形など、そのままであったという。

「これで、あの『やめて』って声が私に似てたら、完璧だったんだけどね」

自分よりも一回りくらい若い女の声だったようだ。

あまりに二人と似ていて驚いたので、これはぜひ長男にも見てもらおうと書斎のビデオデッキの上にテープを置いておいたのだが、後で取りにいくとなくなっていて、どこを探しても見つからない。今も探しているのだが、もう出てこないような気がしていたのだという。

「そうしたら、あなたがそんな夢を見たなんていうじゃない。なにか関係あるのかなっておもうわよ」

「それが、なんでお父さんがうちに来たって話になるわけ？」

「だって、夢を見たんでしょう？　あのビデオとおんなじじゃない。あなた、夢だとおもってるけど、あの人、来てたのよ。やっぱり、あなたとお父さんは繋がってるの。ね？　わからないじゃない。あなたのところに来たって不思議じゃないわよ。この世にはそういうこともあるんだから、ね？」

母親の様子がだんだんおかしくなっている気がして、はやく電話を切りたかった。

「ね？　ビデオのお父さんすごかったから。だからね、だから」

だから、あの人には気をつけなさい。

電話は向こうから切られた。

気をつけなさいって。そんなことをいわれても、父親は七年前にガンで亡くなっているのだ。

それにあの人は普通の、真面目で、ビデオの好きな、優しい親だった。

でも、母親のいい方にいくつか引っ掛かるところもあるので、もしかすると父親には自分の知らない重大な秘密があるのかもしれない。そう彩子さんはおもったそうだ。

賭け

小さい頃、井上さんの家には時々、黒いおじさんが来ていた。
黒いスーツを着た恰幅《かっぷく》のよい中年男性で、今おもえば『笑うセールスマン』のようだ。
気がつくと家にいて、よく遊んでもらった思い出がある。
とくに賭け遊びをしたのを覚えているという。
賭けといっても、お金を賭けるわけではない。
おじさんは両手の中にドングリをいくつか入れ、それを振って畳の上に転がす。
どういう判定基準があるのかはわからなかったが、ちゃんと勝ち負けがあった。
井上さんは、この遊びで一度もおじさんに負けたことがない。
かといって、勝ったからなにかをもらえるということもなく、ただ、すごく褒めてもらえる、それだけである。おじさんは見かけによらず優しいきれいな声をしていたので、その声で褒めてもらうと本当に嬉しかったのだ。


この賭け遊びをする前に、おじさんが必ず井上さんに話すことがあった。

それは、負けたらどうなるのかという説明だった。

この話をするときだけ、おじさんは表情が怖くなり、口調も厳しくなる。

基本、おじさんに負けたら、井上さんの大切なものを取られてしまうルールだ。しかもそれは日によって変わる。

「人形」といわれる日もあれば「洋服」の日もある。「イチゴ」や「ケーキ」といった好物も対象だ。「手」「足」「左目」「舌」「頭」といった身体の一部である日もあった。

そういう怖い冗談もいうけれど、井上さんはそのおじさんが大好きだった。


大人になってから、あのおじさんは誰だったのかが気になった。

母親に訊ねると、「おぼえてないわ」といわれる。

そんなはずはない。母親はちゃんと、飲み物やお菓子でそのおじさんをもてなしていた。

普段は出てこないような高級な菓子ばかりだったので、おじさんが来ることはそういう意味でも楽しみにしていたのだ。

おじさんの帰り際、父親が分厚い茶封筒を渡しているのを見たこともある。あれがお金なら、たいへんな金額だ。

その話をすると母親は目を吊り上げて怒りだし、

「人聞きが悪いから、ぜったいにそのこと他で言いふらすんじゃないよ」

そう厳しい口調で釘を刺されたという。

あの頃、僅かに抱いていた違和感が、今になって少しずつ膨らんでいる。

些細なことなのだが、ずっと気になっていたことだという。

おじさんが家に来ている時、玄関にはおじさんの靴があったためしがない。

たったそれだけのことなのだが、ずっと引っ掛かっているという。

おじさんが何者だったのか、知るのは少しだけ怖いのだそうだ。

念じたら来るもの

私がお世話になっている整体院の院長がとにかく不思議なもの好《ず》きで、施術中にいろいろと面白い話を聞かせてくれる。

院長の好みなのでおもに超能力や催眠術の話なのだが、ごくまれに良質な怪談・奇談を出してくるので驚かされることがある。

ひじょうに筆マメな方でもあり、患者さんから聞いた面白話《おもしろばなし》を事細やかにノートに記録しており、そこにご自身の知識も織り交ぜながら私に語ってくれる。語りは私の百万倍巧《うま》い。

「黒さんのジャンルじゃないんですけど、聞きます?」

これは患者さんから聞いたという先生ご自慢の話である。

山中《やまなか》さんの少年時代は空前の謎《ミステリー》ブームだった。

少年漫画誌の巻頭企画やゴールデンタイムのテレビ欄には、ネッシー、イエティ、超能力、心霊写真にポルターガイストといった神秘的な単語が躍り、グッズや関連書籍も爆発的にヒットしていた。

とりわけ、全国の子供たちを熱狂させていたのはUFOだった。

海外で撮影された空飛ぶ円盤、アダムスキー型UFO、葉巻型UFO、それら未確認飛行物体の写真や映像は少年たちの興味を異常なまでに惹きつけた。当時の子供たちは親から借りた双眼鏡を首から掛け、空ばかり見上げていたそうだ。

ある日、近所のガキ大将が緊急で子供たちを公園に招集した。

その中に山中さんもいた。

ガキ大将はUFO集会をやるぞと宣言し、明日の夜、参加できるヤツは公園に来いという。

間違いない。昨夜の特番で見た、UFOを呼び出す儀式を見て影響されたのだ。

宇宙人とコンタクトできるという外国人が緊急来日し、念じることでＵＦＯを呼び出してみせますといって実際にやっていた。ＵＦＯは来たような、来てないような、微妙な結果ではあったが、スタジオでは呼び出し成功ということになっていた。招集された子供たちはきっと全員見ているはずだった。

山中さんは明日の集会には絶対参加しようとおもった。ブラウン管越しにではなく、自分の目で本物を見たかった。もしかしたら、目撃者ということで有名になれるかもしれない。

「たくさん集まって念じた方がＵＦＯに届く！　来れるヤツはどんどん来い！」

翌日の夜。

昨日、公園に招集された約半数の子供たちが、再び公園に集結していた。その中に大人が一人いて、少し離れたところで腕を組んで見ている。心配してついてきた誰かの親だろうとおもった。

ガキ大将の指示で子供たちは手を繋いで円を作り、空に向かって「ＵＦＯよ、来い」

と心の中で念じた。

山中さんも強く念じた。来い、来い、僕らに見せてくれ。

すると、誰かが「来た！」と叫んだ。

来てはいなかった。他よりちょっと大きい星を見間違えたのだった。

「今なにか飛んだぞ！」と声が上がる。

端から見ていた誰かの親が「流れ星」と笑いながら教えてあげていた。

がんばって一時間も念じ続けたが、ＵＦＯは来てくれなかった。


落胆した子供たちは公園で解散した。

がっかりはしたが、みんなで念じ、空にＵＦＯの光が瞬くかもしれないと待っているあの時間は楽しかった。

熱がまだ冷めない山中さんは、家の近い友達と二人、どの形状のＵＦＯが好きか、宇宙人はどんな姿をしているか、そんな話で盛り上がりながら帰っていた。

すると、友達が急に足を止め、空を見上げた。

「いま、なにか聞こえなかった?」

山中さんは首を横に振り、どうしたのと訊ねた。

「なにか、声が聞こえた気がするから」

空を見上げたまま友達がいう。

「ほんと? それもしかして、メッセージなんじゃない?」

「メッセージ」と、ぼんやり答えた友達は山中さんを見て、「メッセージ」と繰り返す。

その後、身体を前後に揺らし始めた。

明らかに友達の様子がおかしい。こんなふうにふざける友達じゃない。

みんなで念じた効果が、今頃になって表れだしたのかもしれない。

今こそ、UFOを呼び出すチャンスだとおもい、朦朧《もうろう》としている友達に提案する。

「もう一回だけ念じてみない? 今なら呼べそうな気がする」

友達は大きく前後に揺れたので、それはオッケーということなのだとおもった。

さっきみたいに繋ったほうがいいだろう。そうおもって友達の手を掴んだ山中さんは、あまりの冷たさに「つめたっ」と放してしまった。そのときにそれが目に入った。

寸詰《すんづ》まりのこけしのようなものが、すでに揺れるのを止めている友達の肩に乗っている。

丸いものに短い円筒のついたその何かは、丸い部分の中央にぎゅっと圧縮して小さくしたようなお爺さんのような顔があった。

それは以前に本で見た「小人型宇宙人」だった。

「いる！　いる！」

それを指さしながら、山中さんは興奮気味にいった。

「小人型！　小人型だ！　いる！　いるよ！」

まだ外にいる子がいれば声が届くようにと、山中さんは大声で「いる、いる」と繰り返した。今、目の前にいる、これの証人がもっと欲しかった。

友達は「あれ？」という顔をし、山中さんが自分の肩を指して「いる」と叫んでいるので、そこに蜘蛛でも乗っているとおもったのか、「きゃあ」と声をあげてそれを手で払ってしまった。

その瞬間に消えたのか、落ちてどこかへと逃げたのか、寸詰まりのこけしみたいなものはいなくなってしまった。

なにが起きたのかわかっていない困惑顔の友達に、山中さんは宇宙人を目撃したことをしっかりと伝えた。

帰ってから、よく宇宙人の目撃者が残すラフスケッチを真似し、自分の視たものをノートに描いてみたのだが、本に載っていた「小人型宇宙人」とはまるで違っていることに気づき、どうしてあの時は自信たっぷりに小人型を見たといっていたのかがわからなかった。あれと同じタイプの宇宙人は本には載っていなかった。


——と、こんな話です。院長はそう締めくくる。

「すみませんね。今度は怪談を聞いておきますから」

申し訳なさそうな顔で私の肩をぐりんぐりんと回す院長に、とんでもない、これは立派な怪談です、と感謝の言葉を伝えた。

狼煙《のろし》

大学生の頃、山門《さんもん》さんはコンパばかりしていた。

だいたい週四回、多い時は週八回から十回、大学のサークルのメンバー、バイト仲間、地元の友達といったように遊び分け、バイトの給料のほとんどをコンパに注ぎこんでいたという。

その日は、某女子大のOGたちとカラオケコンパだった。

盛り上げ役の友人が神のような大活躍をしてくれたおかげで、これまでの中でも五本の指に入るほどの楽しい飲み会となった。

また来週も同じメンバーでやろうということになって一旦お開きとなったが、女子たちがまだ不完全燃焼だと騒ぐので、今から山門の家で続きをやろうぜ、となった。

家でのコンパも楽しかったが、一次会ほどは盛り上がらなかった。

というのも、盛り上げ役の友人が盛り上がり過ぎて無茶な飲み方をしてしまい、ダウンしてしまったからだった。二十回くらい吐いて、顔を真っ白にさせながら「すまん」といって先に寝てしまった。

他の者たちは酒よりも会話を楽しんでいたので悪い酔い方もせず、午前三時頃には山門さんと女の子一人を残し、みんなすやすやと眠ってしまった。

みんなの顔に落書きでもしてやろうか、などとふざけて話していると、急に女の子が「なにあれ」と真顔になった。

黒い煙が昇り、天井のあたりで蜷局《とぐろ》を巻いている。

煙の尾はみんなが寝ているあたりに繋がって下りている。

誰かの煙草が床でも焦がしているのかと山門さんは慌てて確かめた。

そうではなかった。

煙は真っ先に酔い潰れて寝てしまった盛り上げ役の顔から立ち昇っている。

半開きの口と鼻、それから腹のあたりからの計三本の煙が、ひじょうにゆっくりとした動きで昇って彼の一メートル上で紐を綯《な》うように一本となり、それが天井付近で溜まって渦を描いているのである。

どうも普通の煙じゃないような気がして、そんなものを出している彼が心配になった。

女の子は怯えて黙り込んでしまっていたが、

「魂が抜けているのかも」

と、物騒なことをボソリといった。

その一言にゾッとした山門さんは、「起きろ、おい、起きろ」と身体を揺すった。

すると、盛り上げ役は急に溺れているような動きで手足を暴れさせ、もがき苦しみ出した。

「ヤッベ！　おいっ、みんな起きろ！　おいっ、どうしたっ、救急車呼ぶかっ？」

盛り上げ役はパタリと動きを止め、我に返ったような顔を山門さんへ向け、「いや、救急車はいい」といった。もう顔から煙は出ていなかった。

今の騒ぎで全員起きてしまったので、今見たもののことを話したが、「ビビらせたいならもう少しマシな怪談を話せ」と信じてもらえなかった。

一緒に目撃した女の子が急にタクシーで帰ると言い出したので、それならと他の女子たちも帰っていった。

「お前がへんな話するからだぞ」

狙ってた子がいたのによ、と山門さんは仲間たちから文句をいわれた。

文句をいわれている最中、先ほど煙が蜷局を巻いていたあたりの天井に人の顔に見える煤汚《すすよご》れみたいなものが残っているのに気がついた。


コンパの夜から一週間後、顔から煙を昇らせていた友人がバイクでバイト先に向かう途中、単独事故を起こした。

大怪我はしたものの幸い命に別状はなかったが、顔の状態は見るも無残なほどにひどく、アスファルトの路面に削ぎ取られた鼻の肉と上下の唇の切れ端が、左目の瞼《まぶた》にくっついてぶら下がったという。

退院後も後遺症に苦しみ、元のような顔と日常に戻れなかった彼は、性格もすっかり変わってしまい、どんどんと人が離れていった。

それからも事故に遭ったり、トラブルに巻き込まれたりしていたようで、入院だ、借金だ、揉め事だとよくない噂しか聞こえてこない。

明るくて楽しい奴だったのに、どうしてあんなふうになったんだろう、と友人たちはみんな首を傾げていた。

結局、大学も辞めてしまい、誰もその後の彼の状況を知らない。

駅近辺の団地で飛び降りがあって、それが彼だったのではないかと噂になった。

マンションの天井の顔に見える汚れは気がついたら消えていた。

友人の性格が変わってしまったのは、あの晩に見たことが関係しているのではないかと山門さんはおもっている。

鑿と盃

昨年の春頃から花野《はなの》さんの住むマンションの部屋に二人の幽霊が現れている。

一人はアイヌの民族衣装のようなものを着た高齢の男で、手には鑿《のみ》と木槌を持っている。深い皺《しわ》を刻んだ厳しい表情で、鑿を構え、木槌を振り上げ、なにかを彫るような所作をする。音はなく、彫っているものは視えない。

それと向かい合う形で、凛《りん》とした居住まいの白装束を着た、髪の長い男が現れる。顔が霞《かす》むようにぼやけて視えるので表情はわからないが、薄く開いた切れ長の目だけは確認できる。雰囲気から年齢は二十代くらい。浮き出るように鮮やかな赤色の小さな杯を持っており、それを勢いよくクイッと呷《あお》る。

二人は同時に現れ、各々のやることを黙々と繰り返すだけで互いに目も合わさない。

おそらく、花野さんにも関心を持っていない。

そのような調子なので今のところはこれといった害はないという。

出始めの頃は、すぐにでも引っ越したいとおもったが、何度も視ているうちに二人がおどろおどろしい存在ではなく、昔の光景の再現ようにおもえてきて、今では少しも怖いとおもわなくなった。

ただ、やはりこれが現れると落ちついて眠ることができず、二人ともいったん現れたら一時間は同じことをやり続けるので、その点は少し困っているのだそうだ。

約束

河間《かわま》さんは小学生の頃、実家の近くにあった草ぼうぼうの空き地で、同い年の女の子とよく二人で遊んでいた。

女の子は空き地の近くに住んでいたので家まで迎えにいき、一緒に草花を摘み、おままごとをし、たまに絵を描いて、折り紙でカモメを作って飛ばした。

引っ越してきたばかりで男の子の友達がいなかった河間さんにとって、彼女は大事な友達だった。

ずっと仲良くしたかったから彼女の好きなものと嫌いなものを覚えておいた。

ピンクの髪留めが好き。ミミズがきらい。みかんが好き。青色がきらい。

気がつくとその子のことを好きになっていた。

そのままの気持ちをそのまま伝えると、彼女も河間さんのことが好きだから結婚するといってくれた。

折り紙に結婚を約束する言葉を書いて、それをリボンのように折って河間さんにくれた。宝物だった。


四年生の夏ごろ、いつものように家へ迎えに行くと引き戸の扉が開きっぱなしになっていた。家の中は真っ暗で、玄関に入って呼びかけても誰の返事もない。靴脱ぎ場には彼女のピンクの靴がない。可愛らしいベルが鳴る自転車もない。玄関先に置いてあったピンクのバケツも、ピンクのじょうろもない。門には表札もなかった。

なにもかもを持ち去られて空っぽの家になっていた。置き去りにされているのは蛇の死骸のような庭から伸びている青いゴムホースと自分だ。

どうしてなにもいわずに引っ越してしまったのだろう。結婚の約束はどうなるんだろう。明日からどうすればいいんだろう。

これからずっと一人なんだとおもうと、辛くてどうにかなりそうだった。どうしても彼女と繋がりたくて手紙を出そうとおもったが、引っ越し先も知らないし、名前もノリコということしか知らない。表札の字は難しすぎて読めなかったのだ。

それからは一人で空き地へいくようになり、ノリコのことを思い出しては泣く日々を送った。空き地にはなぜか、他の子供の姿は見られなかったので、人目も気にせず誰にも遠慮することなく大声で泣いた。

寂しさにも慣れてきた頃、空き地に青い服を着た大人が来るようになった。つるつるの坊主頭で、顔つきは男のようだが声がおばさんだった。

いつも独り言をいっているのだが、声が遠くて小さくてほとんどが聞き取れないし、聞き取れたとしても意味がわからない。日本語ではないのか、子供にはわからない難しいことをいっていたのか、それとも言葉にすらなっていなかったのか、わからなかったけれど、わからなくてもよかった。

青い人はいつも空き地の隅《すみ》に立って河間さんのほうを向いていた。向いてはいるが、見ているのかはわからない。表情がわからないくらいの距離に立っていたのだろう。近づいてくるでもなく、笑顔で手を振るでもなく、ただ、そこにいる。近づかれても気味が悪いので、見て見ぬふり、聞かぬふりをしていた。


空き地へはいかなくなった。

下校時に通りかかると青い人を見ることがあったが、たいてい草むらに屈みこんでいた。なにをしているのかと一度だけ後ろからこっそりと近づいたことがあったが、なぜか姿を見失ってしまい、屈んでいた場所を見ると黒くて長い大便が横たわっていた。


中学生になると、普通に男の友達ができた。小学生の頃に二度、同じクラスになったことのあるケンジという元気で小柄な子だった。

一緒にいて楽しいし話も合う。もっと早く友達になっていればよかったと後悔した。

ケンジのほうは、小学生の頃から河間さんとは友達になりたかったらしい。一緒遊んでみたかったが、声をかけづらかったのだという。

「だってさ、いつもあの空き地でハゲの人と遊んでたでしょ」

空き地のハゲ。

あの青い人のことだ。

でも一度も遊んだことはないよというと、なにいってんのと笑われた。

「毎日、遊んでたじゃない」

悪い冗談だとおもって、この時は笑い飛ばした。


帰ってすぐ、クローゼットの中を探してクッキーの缶を見つけた。

この中には、小学生の頃の「宝物」が入っている。

当時、流行《はや》っていたお菓子についていた玩具や、上手に折れた折り紙の手裏剣、そして、ノリコからもらった手紙が入っていた。

リボン折りにされた折り紙を丁寧に開くと、河間さんは愕然とした。

そこに書かれていたはずのノリコの拙《つたな》くも可愛らしいカラフルな文字はなかった。

子供らしさの欠片《かけら》もない整った大人の文字で、なんたらかんたらでお願い申し上げますと書かれている。

一際《ひときわ》大きく強い筆致で「約束」と書かれており、それはけっして破ることを許されぬ鉄の二文字に見えた。

縛るもの

私は日本でいちばん多い神秘体験は金縛《かなしば》りだとおもっている。

怪談関連の仕事をしていれば、この小さな霊体験を避けて通ることはできない。どこへいっても一つや二つはこの話を持ち帰る。

しかし、いくら頂いてもこうして本に入れて消化できるものは稀であり、そのほとんどがフォルダの肥やしとなっているのが現状だ。

昨年、金縛りで一冊、という無謀な企画に挑もうとしたが無理だった。なにより、私としては頁《ページ》を稼げないので避けたいネタなのである。

ただ、ずっと溜め込んでおくというのも私のパソコンによくない気がするので、実は少し前から小出しにしている。もちろん、変わり種を選んでいる。

本作でも少し変わった金縛り体験を四編ご用意した。

※

カードゲームショップを経営している池端《いけばた》さんは月に何度かは金縛りに遭う。

目が覚めているのに起き上がれない、喋ろうとしても声が出ない、といった耳新しくもない体験がほとんどだそうだが、一度だけ変わった金縛りを体験されていた。

ある晩、寝苦しさに目を覚まし、ぼんやりと暗い天井を見ていると金縛りになった。

いつものことなので、しばらくすれば解けるだろうと待っていると、一メートルほど頭上で四角いものがくるくると円を描いて回っている。

目を凝らすと、それは写真の入った額《がく》だった。

写真に写っているのは今と同年齢ぐらいの自分である。

これは、俺の遺影だ。

なぜかすぐ、そうおもったそうだ。

もしかしたら、自分はこのまま死ぬのかもしれない。

なぜか、妙に落ち着いている自分がいる。

遺影は二、三分ほどで消え、金縛りも解けた。

あれからもう三年は経つが死の兆しはない。

風邪以外で病院へいったことはないそうだ。

※

田中氏が平成の初め頃に体験している。

ソファに座って深夜番組を見ていると、部屋のどこからかチュンチュンと雀《すずめ》の鳴き声のようなものが聞こえ、急に身体が動かなくなった。

固まったまま目だけを巡らせていると、台所のほうからキコキコと缶切りで缶詰を開けているような音が聞こえてくる。

正確にはわからないが五分は固まっていたそうで、そのあいだずっと、台所の方からキコキコと鳴っていた。ずいぶんと大きな缶詰を開けているんだな、とおもったそうだ。

また、金縛り中、深夜番組から聞こえてくる笑い声が、感情のない嘘の笑いのように聞こえていたのが印象的だったという。

※

高校時代の金縛り体験であるという。

その日は千田《ぜんだ》さんの誕生日だった。

夜はご馳走だと母親から聞いていたのでとても楽しみだったが、なにしろ育ち盛り、晩ご飯まで待ちきれない。かといって間食するのもどうかとおもったので、夕食まで暇を潰そうと妹から少女漫画を借りた。

人生初の少女漫画だったがこれが意外に面白く、リビングのソファで夢中になって読み耽《ふけ》った。

三十分ほど経ったくらいか、頁を捲《めく》る手が動かなくなった。

顔を上げたくても上がらず、立とうとしても立てず、そこで初めて全身が動かなくなっていることに気がついた。

まさか座って漫画を読んでいる時に金縛りになるとはおもわない。千田さんは自分の身体がおかしくなってしまったんだとおもった。

家族に伝えたいが、どうやって声を出したらいいのかわからない。この異常に早く気づいてほしい。

すると、ゆっくりと頭だけが下がっていく。

ゆっくり、ゆっくりと下がって、漫画の開いている頁に額がついた。

視界のほとんどが漫画に塞がれている中、自分と漫画の横から何かが顔を近づけて割り込もうとしている。なぜか、それと絶対に目を合わせてはいけないとおもった。

ふぃんふぉーん、と曇ったインターホンの音が聞こえる。

その瞬間、後頭部をポンと優しく叩かれ、金縛りが解けた。

家族にいわれて気がついたそうだが、千田さんの後頭部には使って剥がしたようなよれよれの絆創膏が中途半端にくっついてぶら下がっていたという。

ガーゼの部分には茶色い血が染みていたが、家族の中で絆創膏を貼るような怪我をした者はここ一年くらい、いないという。

※

金縛り中に幽体離脱を体験される方もいる。

よくあるのは「浮く」タイプで、寝ている状態のまま上へ上へと浮いていく。天井にぶつかるとおもった瞬間に目が覚めた、という話がある。

逆に「沈んでいく」感覚を覚える幽体離脱というのもあり、布団や畳よりも下へとどんどん沈んでいくというものだ。私が聞いた数件は、下の世界は完全な闇であり、上でしている音が明瞭に聞こえてくるという点で共通していた。これは浮くよりも危険なのだといわれている。

このように上や下へと移動するという例は数あるのだが、昨年、横に移動する話を聞くことができた。

タクシー運転手の宮谷《みやがい》さんは、夜中に突然、胃のムカつきを覚えて目覚めた。水を飲みたくて起き上がろうとしたが、身体がまったく動かない。金縛りは過去にも経験しているので怖くはないが、胃のムカつきをどうにかしたかった。もしこの状態で吐いてしまったら窒息するかもしれない、そちらのほうが怖かった。

すると、天井が横にスライドするように見えた。今度は縦に。また横に。動いているのは天井ではなく、自分なのだとわかった。

宮谷さんは布団ごと、ゆっくり横に移動していた。

その動きは次第に早くなり、敷布団の下にキャスターでもついているかのように寝室内を滑るように移動した。

しばらく寝室の中を移動してまわると、今度はまっすぐ壁に向いだす。

（ぶつかる……！）

しかし、宮谷さんを乗せた布団は壁をすり抜け、見覚えのない部屋へと移動した。

若い女性の住んでいそうな小奇麗な部屋で、内装も明るくて調度品もおしゃれなのに、天井から生え、だらりと下がる漆喰《しっくい》のような色の腕が、すべてを台無しにしていた。

そのまま止まらず、反対側の壁にぶつかるようにすり抜けると、さっきまで自分の寝ていた寝室に戻って来て、ピタリと止まった。

それから一分ほどで、何事もなかったように身体は動くようになったという。

流行りの兆し

車田《くるまだ》さんが六年前から住んでいるマンションの部屋から、それは見えた。

元工場だった土地に鎮座する巨大なからくり箱のような建物。

デザイナーのこだわりなのか、随所に他では見ないような斬新なデザインと特異な建築構造が見てとれ、町内にあるどの建築物よりも派手で洒落《しゃれ》ていて、自己主張が強く、いい意味で宗教的であり未来的な、かなり目立った建築物だという。

「夜に出て、夜に帰る仕事なんで、そんな建物が目の前に建ってても気づきませんよ。なんか工事してるなってくらいでした。初めて陽の下で拝んだら、魔法使いが一晩で建てたお城を見てるみたいな衝撃でしたね」

その外観からはどういった目的の建物なのか、はじめは想像がつかなかった。

　ある時、珍しく日中に外出することがあり、ついでに隣がどんな建物なのか確認しようと正面玄関を探したのだが広くて全貌がわからず、なおかつ錯覚を誘うような不思議で意地悪な構造ゆえ、どこが入口なのかもわからない。

　施設名くらいはわかるところに出ているだろうと見渡したが、まるで秘密を閉じ込めているような、それこそからくり箱のような建物だった。

　すると、たまたま車椅子のお年寄りが家族の人に介助されながら建物を出入りしているのを見かけ、そこが老人ホームなのだとわかったという。しかも、駐車場には高級車ばかりが駐まっているので、金持ちしか入れない高級ホームのようだ。

　まるで外部からの干渉を拒むかのようなその施設に、車田さんは不自然さを感じてならなかった。

「別になにが悪いっていうんじゃないんです。そういう作りなのも意味があるかもしれませんし。でも、自分の中の本能の部分っていうのかな、その建物はヤベエってていわれてる気がして」

　とくに気になるのは距離感だという。

施設とマンションとの間隔は充分にとられているので決して近くはない。ただ、家からその建物を見上げると、手を伸ばせば届きそうな、逆に向こうからはいつでも触れられてしまいそうな緊張感と息苦しさをおぼえるという。

とくにリビングから見えるその建物の左側面の壁は、雨樋《あまどい》か何かの配線、あるいはそういうデザインなのか、青いパイプが血管のようにあちこちを巡っていて見た目にも不安を誘われるという。

また、施設の窓はいつ見てもカーテンが閉められており、中の様子をうかがえない。たまに見るとそのカーテンがもごもごと生き物のように動いている。リビングで利用者と目が合うのも気まずいが、せめて朝くらいは開放して日光や新鮮な空気を入れてあげたほうが健康にもいいんじゃないかと余計な心配もしていたという。

ある年の冬、友人の家で遅くまで飲んでいた車田さんは明け方に帰ってきて、いつもリビングから見える血管だらけの壁の前の道を通った。

急に寒気を覚え、コートの襟《えり》を立てる。

（ん、やべぇな）

額に手を当てる。熱がある気がする。

鼻息が熱く感じ、関節も痛みだす。

（こりゃ、風邪ひいたな。さっさと帰って薬飲んで寝よう）

歩みを速めると、ふいにのぼせたような眩暈《めまい》に襲われる。ふらふらと身体が施設側へと寄っていく。

ぞく

さっき感じたものとは違う厭なほうの寒気がした。

血管の壁を見上げる。

いつも閉めきられているカーテンが開かれ、すべての窓に外を眺める利用者たちの顔が並んでいた。

車田さんは足早に帰宅するとリビングのカーテンをしっかり閉め、窓のそばに盛り塩をした。

並んでいた顔は窓の中にではなく、窓の外に浮き出ていたという。

「一つか二つ、逆さまの顔もあった気がします」

二週間後、この施設の利用者や職員がインフルエンザに感染し、複数の死者が出たことをニュースで知った。

あの時に視たものと寒気はその兆《きざ》しだったのか。まったく別のことなのか。

いずれにせよ二度とあんな光景は視たくないので、普段からリビングのカーテンは開けないようにしているという。

擬眼

つい先日、新人ライターの大川《おおかわ》くんが奇妙な人物に絡まれた。

都内にあるカフェでシナリオの直し作業をやっていると、すぐ近くから視線を感じる。

気づいていないふりで周囲に目を配ると、左のテーブルから頬杖をついて大川くんを見ている男がいる。

べつに覗かれたところで問題はないのだが、一応パソコンのモニターを横から覗かれないように角度を変え、横目でチラリと男のことをうかがった。

頭髪が薄く、色白で、顔は若いのか年を食っているのかわからない。服装は黄色いパーカーで、金持ちのおばさんがしているような大きい色石の入った指輪をごてごてとつけている。

なんともアンバランスな外見のその人物は、まばたきもせず、ジッと大川くんのことを見つめているのである。

こいつ、絶対にやべえヤツだ。

目が合って絡まれるのも嫌なので作業に集中する。

——いや、やっぱり気になって仕方がない。

横目でチラチラと観察するが、男は最初に見た時のポーズから微動だにせず、ただただ大川くんに視線を突き刺している。

こいつホモかな。多分、そうだろうな。ハゲのおっさんでホモか。まいったな。

このまま見つめられているのもシャクなので、ここは一つ、逆に睨み返して威嚇《いかく》してやろうとおもった。そして、人生初の「ガンをつける」という行動に出たのである。

だめだ。

すでに相手は、その上をいっている。

男の両眼は、ぼっこりと前に突き出していた。

以前、ビックリ人間みたいな番組でこんなことをする外国人を見た。しかし、あんなレベルではない。ほぼ、孔《あな》から飛び出している。

男は頬杖をつきながら小指で目尻のあたりをくいくいと押し、眼球をひょこひょこと出し入れさせている。

なるほど、そういうことだったのかと大川くんは納得した。

さっきから作り物みたいな目だなとおもって見ていたが、義眼のようだ。

両目が義眼なら、自分など視えているわけがない。

悪いことをしたな、と大川くんは猛省した。

しかし、あれはなにをしているのだろう。義眼をつけていると目の奥が蒸《む》れて痒《かゆ》くなるのか。それとも、たまにああして空気を入れかえなければならないものなのか。

義眼はあんなふうに小指をちょいちょいとさせて取り出すものなのか。

さっきまで嫌悪しかなかった相手が、気がつけば興味の対象となっていた。

いや、そういう見方はいけないよな。

大川くんは今度こそ作業に集中することにした。

作業もひと段落し、腹が減ってきた。

店を変えようとパソコンをシャットダウンすると、先に隣の男が席を立った。

男は大川くんのテーブルの前にきて、ぼそりといった。

「どうかしなないでください」

男の目は元に戻っており、黒目がしっかり彼を捉えていた。

先ほどの作り物ではなく、ヌメヌメといやらしく濡れて、イトミミズのような血管が張り巡らされている、生きた目だった。

「ああ、あれですか。あれをやると、よく見えるんです。わたしこれでも占い師ですから、だからあなたが、しぬとかしなないとか」

肝心なところで言葉をブツッと切り、男はカフェを出ていった。その動きが人形のようにギクシャクとして作り物っぽく見える。

呆然としたまま、しばらく席を立つことができなかった
あれは絶対に占い師なんかじゃないと大川くんは疑っている。

秘蔵

三年前、ＴＥＬＯさんは久しぶりに会う友人の家へ泊まりにいくことになった。

その友人は半年前に突然、体調を崩したからと飲み会をドタキャンし、それから連絡をしてこなくなった。

電話をかけてもまったく出ず、ダメ元でメールをすると返事がきた。

『急にどうした、病気にでもなったのか』と問うと『別にそういうわけじゃない』と濁される。

『電話をしてもいいか』と送ると、返ってこない。

人間嫌いになったのかもしれない。しばらくそっとしておき、忘れた頃に電話をかけるがやはり出ず、メールをすれば返ってくる。

そういうやりとりを二ヵ月ほどしていたのだが、そのうちメールも返信がこなくなった。

あいつ、本当は殺されているんじゃないか。

そんな噂が周りでチラホラたちだした。

すでに殺されていて、捜査攪乱《かくらん》のために犯人がメールで本人を演じているのでは、と。

本気で心配をしていたのだが、ある日、急に本人から電話がかかってきて、「もう大丈夫だからうちに来ないか」とお呼びがかかった。

仕事帰りにスーパーに寄って買いだしをした。久しぶりに彼と飲みたかったが、体調を気遣って酒は買わず、白菜やエリンギといった鍋の材料を買っていった。

ところがマンションの下で待っていた友人は、酒の臭いをぷんぷんとさせており、すっかりできあがっていた。それだけでなく、かなりきつい体臭も放っている。

「ほんとうに体調のほうは大丈夫なのかよ」

半年前に会った時とは顔つきもすっかり変わっていた。

全体的に丸くなり、健康的ではない太り方をしている。まつ毛には目ヤニがたっぷりくっ付いて庇《ひさし》みたいになっていた。髭《ひげ》は剃っていたが、刃がだめな剃刀《かみそり》を使ったのか、あちこちから血が出ている。

部屋の荒れ具合にも驚いた。自分の知る友人はきれい好きで、以前の部屋には物がほとんどなかった。しかし、目の前の光景はテレビで観るゴミ屋敷そのものだ。玄関から奥までビニール袋に詰め込んだゴミが続いている。

おもっていた以上に深刻なことになっていることを知った。

「狭くてすまんな」

友人は足で物を蹴散らしてスペースを作ると「そこに座って話を聞いてくれ」という。

半年のあいだになにがあったのかを語られるのかとおもったが、友人は白いコンビニの袋に入ったものをＴＥＬＯさんの前にドスンと置いた。

「これが実家から見つかってさ、いやあ、処分に困ってるんだよ」

「それ、なに」

「ん？　秘蔵の、あれだよ、あれ」

ずい、と自分のほうに押しやるので、ＴＥＬＯさんは袋の上を摘まんで「あれってなんだよ」と、持ち上げてみた。

ずっしりとした重みがある。ロクなものが入っていないことは想像がつくので中身は見たくない。中身が黒く透けて見えるから、髪の毛の塊《かたまり》とか何かの死骸、あるいはうんこの可能性もある。

この時点でＴＥＬＯさんは、友人が霊のようなものにとり憑かれているのではないかとおもい始めていた。今と同じようなシチュエーションの怪談をテレビで観たことがあったからだ。

しかしそうなってくると、彼と二人きりというのは心細い。

そこまで霊の存在を信じているわけではないが、なにかに憑かれている可能性があるかもしれない友人と朝まで過ごすというのは怖かった。彼に背中を向けて眠れない。

友人が飲み物を用意するために席を外している隙に、別の友人に「お前も来てくれよ」とメールでヘルプを送っておいた。

飲み物を持って戻ってきた友人に訊ねた。

「生活費とかどうしてたの、バイトしてなかったんだろ?」

「それより、話を聞いてくれよ」

先ほどの袋を掴んで、またドスンと置き直し、

「実家から見つかってさ、処分に困ってるんだ。これ秘蔵の、あれなんだってよ」

ずい、とTELOさんのほうに押しやる。

さっきも同じことをいっていた。

袋の中を見なければ、このやり取りは繰り返されるのかもしれない。

TELOさんはおそるおそる、袋のすぼんだ口をゆるゆると広げた。

中身は黒か紺色の布で包まれたものが入っていた。雑に包んであるので形状はわからないが、それからはうんこの臭いがしたので、「これはうんこだ」とおもった。それ以外にない、間違いようのない臭いだった。

さすがに袋から出して広げる気にはならない。勘弁してもらおうと顔を上げると、

友人が唇に口紅を塗っていた。びっくりしすぎて、なにしてるんだとは訊けなかった。

「すごいだろ。それは暗いところで意味のでるものだから。あったよね、そんな玩具《おもちゃ》が昔」

そういうと友人は立ち上がって電燈の紐を引いた。

いきなり暗くされ、友人の声が急に別人のように高くなったので、ＴＥＬＯさんはパニックになり、ゴミを乗り越えながら玄関まで這っていった。

「どうしたの」

後ろから声をかけられた。その距離がかなり近かったので、ＴＥＬＯさんは転がるように共有廊下へ飛び出すと、そのままマンションを出た。

最後に聞こえたのは、完全に中年女の声だった。

少しでも明るい場所へと駅のほうへ向かっているあいだに着信があった。先ほどへルプを入れた別の友人だ。

今あったことを伝えると、

「そっかー。あいつ、お姉ちゃんが自殺しちゃったらしくてさ」

その姉は知っている、といっても彼から携帯の画像で見せてもらっただけである。

確か自分たちの一つか二つ年上で、顔は芸能人なみの美人だった。

だがここで彼の姉の死が入ってくると、ややこしくなる。

さっきの女の声が自分の一個上の女性の声にはおもえない。

失敗したなぁ。

ヒントはあの、「秘蔵の、あれ」のような気がする。あれは、うんこじゃなかったのかもしれない。もっとちゃんと確認をすればよかった。

ＴＥＬＯさんは後悔したそうだ。


今もたびたび電話やメールをいれているという。

反応がある時もあるし、ないときもあるが、電話で会話をするとゲームやアニメの話題が出るので、もしかしたら正常に戻ったのではないかと、わずかな希望を持っているという。

圧倒的な口撃

ライターの下谷《しもや》くんは自分の口臭に悩んでいた。

「たぶん、これは呪いだとおもうんです」

三ヵ月に一度は歯医者で歯石を除去し、食後は必ず三十分のブラッシング、いろんな口臭除去剤も試しているので味で商品名を言い当てられるくらい詳しくなり、つねにミント系のガムかフリスクを持ち歩き、人と会話をする直前に一瞬でそれらを口に放り込むスキルを身につけた。

彼は一日の大半を口の中のことを考えているという。

こんなに考え、気を使い、清潔を心がけ、あらゆる対抗手段を使っているにもかかわらず、口からは溝水《どぶみず》みたいな臭いが消えてくれないのである。

仲の良い友人に相談すると「内臓が悪いかもしれないから本気で検査したほうがいい」と息を止めながらいわれたので、消化器系の病院で検査を受けてみたのだが、幸か不幸か、いたって健康な内臓であり、口臭の原因となるような問題はみつからなかった。

口の臭いは人間関係や日常生活にも支障をきたす。

過去に交際した女性には、泣きながら別れたい原因が口臭であると叫ばれた。

飲食店のバイトの面接では「一応客商売だから」と落とされる。

電車で隣に座った女の子に「カニのしんじゃったにおいがする」といわれ、それはザリガニの間違いじゃないかとおもったりする。

人に口臭を指摘されるたびに心が傷付き、今では人と会うことが恐くなってしまった。

あらゆる口臭対策も、もう万策尽きてしまったという。

「やっぱり、呪いは関係ないんですかね」

彼は根が明るい子なので少しでも笑い話にしようとしてくれるから私もついついふ

ざけた書き方をしてしまったが、彼の悩みは聞けば聞くほど笑えない深刻なものであった。

下谷くんは三年前、高円寺にある自宅で幽霊らしき女を視ている。

しめきりに追われながら原稿を書いていると、誰かに見られているような気がしてならない。部屋には自分一人。なのに見られている感はどんどん強くなっていく。

そっと視線を上げると、そこにはスケジュールを書きこんでいる小さいホワイトボードがある。ボードには自分の姿が映っており、自分の後ろにある扉も映り込んでいる。その扉の横に人のようなものが立っているのが視えた。

首から上ははっきりとしない。だから、顔はわからない。シルエットは女性のそれである。なんとなく雰囲気から美人なのではないかとおもえた。

下谷くんはこの存在に「リカコ」と名付けた。

中学の頃に憧れていた美人教師の名前である。そう名づけた方が少しでも、後ろにいる存在を許せる気がしたからだ。

もうおわかりだとおもうが、下谷くんは完全に視えるタイプの人である。

彼の「視える」が始まったのは中学生の頃からで、「ベランダで宙を泳ぐ真っ白い紐のような光」や「下半身だけの人」といった奇妙なものを目で捉えていた。

視えだした頃は周りの人にも知ってほしくて事細やかに伝えていたが、信じてもらえるどころか精神状態を心配されるので口には出さなくなった。自分でも大丈夫かと心配をしていたそうだ。

怖くないわけではなかったが、できるだけ悲鳴を上げるとか、走って逃げるといったことはしないように我慢していた。その行動が自分を奇人に見せてしまう。

そうしているうちに視えるものはしかたがないのだから、と受け入れるようになり、完全に悟りを開いたわけである。

リカコの話に戻そう。

せっかく名前までつけた「美人かもしれないもの」だが、下谷くんは良好な関係を築くことはできなかった。

というのも、下谷くんはわりと癇癪《かんしゃく》持ちなところがあり、すぐに「イー!」となる。

忙しい時に限ってリカコが現れ、ちらちらとホワイトボード越しに視界に入ってくるので、下谷くんはかなり苛々したそうだ。

なら、祓《はら》ってしまおう。

下谷くんは視えるだけで特別な力はない。なので、その手の本やネット情報を見ていろいろ試したのだが、いちばんいいのは無視であるという答えに到達した。

ただ、この時はよほどストレスが溜まっていたのか、自分のコンプレックスである口臭を武器にするという暴挙に及んだ。

いつもリカコが立っている場所に向けて、ハアッと息を吐きかけたのである。

もう書くまでもないのだが、リカコはそれっきりホワイトボードに映り込まなくなった。

下谷くんは自分でやっておいて、その現実にひどくショックを受けたそうである。

「霊も立ち退《の》く口臭って、もう人としてサイテイじゃないですか」

落ち込む下谷くんに私は励ます言葉もない。

息子への手紙

専門学生の藤田《ふじた》さんは現在、ある理由で一人暮らしをしたがっている。

その理由について、お話しをうかがった。


ある日、実家の自分の部屋のベッドの上に、何も書かれていない白い封筒が置かれていた。

糊《のり》付けはされておらず、中にノートから千切《ちぎ》りとったような薄汚れた紙が入っていた。

紙には鉛筆で次のようなことが書かれていた。

『かあさんとるな　親フコウもん　首キルゾ』

びっくりした藤田さんはバスルームにいき、入浴中の父に手紙を見せ、どういうことかと訊いた。

手紙に書かれていた字が父の字とそっくりだったからだ。

それに母のことを「かあさん」と呼ぶのも父しかいなかった。

父はなんのことかわからないという顔をし、書いたのは自分じゃないといった。

「学校の友達にでも悪戯《いたずら》されたんだろ」

それなら学校に着ていった服やカバンの中から出てくるはずだ。封筒は帰宅したらベッドの上に置いてあった。家の中で誰かが置いたとしか考えられなかった。

「第一、そんなもの書いてオレになんの得があるんだよ」

それならこれは、なんなのか。

書かれていることもまったく意味がわからない。自分が母をとったとは、どういう意味なのか。首を切るとは冗談にしても笑えない。

母に手紙を見せると、確かに父の字に似ているという。ただ、あの人が親不孝もんなんて古臭い言葉は使わないよ、ともいった。

風呂から上がってきた父に改めて手紙を見せると、「ほんとに似てるな」と笑いだした。

「こりゃ、オレの字だな。すげぇな」

笑いごとではない。父が書いたのでなければ、家に誰かが入り込んで、父の字に似せて書いたものを置いていった、そういうことになる。

目の前に手紙という物的証拠がある以上、書いた人間は必ずいる。だが、どう考えても犯人は父親しか考えられない。

なにかの勘違いで、自分と母がそういう関係になっていると疑っているのか。

しばらくは、父を警戒しながら暮らしていたという。

それから二カ月が経ち、母から唐突に真実を打ち明けられた。

あの手紙を書いたのは、やはり父だった。

『首キルゾ』の手紙の件から二日後のことだという。

夜中に水道を流す音で目が覚めた母は、隣の布団を見て父がいないことに気づいた。お腹が空いてインスタントラーメンでも作っているのかしらと見にいくと、父はキッチンのテーブルで紙になにかを書いている。水道は全開で出しっぱなしになっていた。

水を止めて「なにしてるの」と訊いても上の空。手で隠すようにしている紙を取り上げると、そこには藤田さんの名前がびっしりと書かれ、下のほうに『親フコウ』『バツ』と書かれていた。

「これはなに？　説明して」

そう何度も問い質したが、今にも「だれ？」といいだしそうな顔で見つめてくる。

この時、父が脳の病気なのかもしれないとおもったという。

明日、父を病院へ行かせることにし、もう寝かせようと腕を引いて寝室へ連れて行った。

寝室にはもう、父が寝ていた。

振り返ると連れてきたはずの父の姿はなく、手は何も掴んでいなかった。

「うちにもう一人、あの人がいるの。それがあなたのこと——」
よくおもっていないみたいなの。
母の視線が自分にではなく、廊下の方へ向けられている。
そこには父が立っていて、二人のことをじっと見つめていた。
自分には父を判別することはできないので、早く実家を出たいという。
これが、藤田さんが一人暮らしをしたい理由である。

病木

梅本里沙《うめもとりさ》さんは中学生の頃までずっと病弱な身体だった。

それは「家の階段の上り下りも一人でさせてはもらえないほど」であるという。

学校は数えるほどしかいっていないので自宅学習。クラスメイトの顔も名前も知らない。

二階の部屋のベッドの上だけが、ある程度の自由を許される、この世で唯一の空間であり、そこ以外の場所へいくには家族の誰かの同行がなければ許されない。倒れられては困ると風呂にも母親がついてくる。だが、いちばん自由を許してくれないのは外《ほか》でもない、自分の身体なのだという。

この身体でいいことといったら無駄に与えられた時間を使って、新聞を隅から隅まで読めることだという。頭がよくなった気になれるのだそうだ。

看病はほとんど母親がしてくれたが、その母親も小学五年生の頃に急死してしまう。

葬儀の日、母親のことを考えなければいけないのに、明日からどうやって生きていけばいいのかと考えている自分が卑《いや》しくおもえたという。


後日、母親の代わりとして近所に住むナカノさんというおばさんが家に来た。

梅本家にどのような縁や義理がある人はわからないが、父親と弟が家にいない時間帯にやってきて里沙さんの看病をしてくれる。

鍵を預けられるくらいだから信用のできる人ではあるのだろうが、ひどく無口で、会話が弾んだことはない。厚意ではなく義務としてやっている空気を纏《まと》っているので、なにをしてもらうにも気が重かったという。


「日に当たらないといけませんよ」

そういってナカノさんは窓際に椅子を置いて、よくそこに里沙さんを座らせた。

この窓は好きじゃなかったが、せっかくの厚意を無下にはできない。

里沙さんが窓を嫌う理由は二つ。そこから見えるものが、自分にはあまりにも遠すぎる光景だから。

もう一つは、どす黒い木の枝が窓硝子に寄りかかっているからだという。

この木は、隣の家の庭から生えていた。

枝が蛇のように塀を乗り越え、秋になると梅本家の庭に葉や実を落とし、気味の悪い虫を送り込んでくる。それらが腐って嫌な臭いをだしたり、巣を作って繁殖したりして、一時は庭が地獄のようになっていた。何とかしてほしいと父親が訴えたのだが、隣人は偏屈な婆さんなので聞く耳をもたない。相手は年寄りなので強く出るわけにもいかず、勝手に伐れば別の問題になりかねない。父親は困りはてていた。

この枝は里沙さんが物心のつく頃からずっと窓のそばにあった。消灯した暗い部屋で見ると誰かが覗き込んでいるように見えるので、幼少の頃などは窓を見るたび泣き喚《わめ》いた。その陰鬱《いんうつ》な存在感のためか、寝ている時に視線を感じることもある。自分が病弱なのは、この木のせいなのではないかと考えることもあったという。

ある夏の終わり。

里沙さんは夜中に目が覚めた。

腹痛や悪夢に起こされてしまうことはたびたびあったが、この日はとても寝覚めがよく、スッキリとしていた。そんな目覚めは久しぶりだったという。

舐めるような視線を感じ、目の端で窓を見ると、外から枝がこちらをうかがっている。

せっかく体調がいいのに、あんなものを見ていたらまた病みついてしまう。

そうおもって窓に背を向けて寝返ると、どさっと後ろで物音がした。

驚いて振り向くと、窓の真下に座布団を積み重ねたような形の影がある。

なんだろうと目を凝らすが、知っているものの形ではない。

「おせわになりました」

その影から聞こえてきた。

聞いたことのない、落ち着いた大人の女性の声だ。

どういう意味なのかわからないので、とりあえず「はい」とだけ返した。

覚えているのはそこまでで、そのまま朝を迎えるまで起きていたのか、眠ってしまったのか、あるいは夢だったのか、記憶がとんでいるという。


翌朝、里沙さんは目覚めてすぐ、自身の身体の変化に気がついた。

体調が驚くほど快復していたのである。

まるで、これまでが長い悪夢であったかのようだ。

「あっ」

窓を見ると、あの忌々《いまいま》しい黒い枝がなくなっている。

——やっと、伐《き》ってくれたんだ。

今夜からあの嫌らしい視線もないのだとおもうと心の底から嬉しい。病気が治ったのも、あの枝がなくなったからなのかもしれない。

里沙さんが意気揚々と一人で階段を下りてくる姿を見て、父親も弟も目を丸くして驚いていた。

何年ぶりかで、家族とダイニングルームで朝食をとった。

お腹が空いてたまらなかった。これまで吐いた分を身体が取り戻そうとしているようだ。

「あ、そういえば、隣の木、伐ったんだね」

父親は里沙さんに不思議そうな顔を向ける。

「あれ、里沙は知らなかったんだっけ?」

隣の偏屈婆さんは半年前に亡くなっていた。

家は荒れ果てていたので親族の判断で一ヵ月前に取り壊され、その時に例の木も処分されているという。

「おれ、ちゃんと姉ちゃんに話したけどなあ」

処分された後も、あの枝は窓の外にあって、部屋の中を覗き込んでいた。

自分が見ていたものは、あの木の幽霊だったのだろうか。

なにがなにやらわからなかったが、里沙さんはこう考えた。

結果的によかったのだから、まっさらな白じゃなくたっていい。灰色でも構わない。

「あ、お父さん、ナカノさんに電話して。もう大丈夫だからって」

父親はきょとんとしている。

「え、だれって？　どこに電話するって？」

「だからナカノさん、お礼しないとなあ。ちゃんと」

父親の表情が曇っている。

なにかおかしいことをいったかなと、里沙さんは自分の言葉を振り返る。

弟が「だーかーらー」と苛立《いらだ》った声を上げた。

「あのクソババー、くたばったっていってんじゃん」

灰色だったものが黒になっていく。

「おいっ、そういう言い方は止めろ」

弟をたしなめると父親は里沙さんに訊いた。

「なあ。それ、どこのナカノさんのことだ？」

この後、里沙さんは二つの真実を知る。
隣の偏屈婆さんの苗字が、ナカノだったこと。
毎日のように看病に来てくれたナカノさんのことを、父親も弟も知らなかったこと。

どこかに帳尻を合わせようとすると、他のすべてが狂う。
――これでよかった。
そういっていいものなのか、まだわからないそうだ。

カギヲカケタカ

ある夏の深夜。

自宅で書類整理をしていた冨沢《とみざわ》さんは、缶コーヒーが飲みたくなったので近所のコンビニへと向かった。

ちょっとしたおやつも買ってレジで支払いをしていると、たいへんなことに気がつく。

ポケットの中に家の鍵がない。

きっとコンビニへ向かう途中で落としたのだ。

自宅まではいくらも距離はない。鍵なんて落ちていても拾う者はいないだろう。すぐに見つけられるだろうとおもっていた。

ところが、歩いてきた道をいくら探しても、どこにも落ちていない。

夜の暗さで見失っているのかもしれないが――。

ああくそ。こんな時間に家を閉め出されるなんて最悪だ。

いや、まてよ。

先ほど家を出た時、鍵をかけた記憶がないことに気づく。

ひと通りのほとんどない静かな道だ。落としていたら音で気づく。

はじめから鍵を持って出なかったのかもしれない。

そうであってほしいと祈りながら足早に自宅へと戻った冨沢さんは、玄関ドアのノブを掴んだ。

すんなりドアは開いた。

ああ、やっぱり、鍵をかけていなかったんだ。

まったく、なんて間抜けな――。

ぐん、と扉が内側に引かれ、ばたん、と勢いよく閉まった。

ノブからそっと手を放した冨沢さんは、一歩、二歩と後ずさりする。

視てしまったのだ。
靴脱ぎ場の暗がりから手が伸び、内側のノブを掴んで、ドアを閉めたのを。
ふやけたように白く浮腫《むく》んで、爪垢《つめあか》の溜まった醜い手だった。
ほんの少しだ。鍵がかかっていなかった、ほんの少しのあいだに。
なにに入ってこられたのか。
今夜は諦めて、ファミレスで朝を待つしかないだろう。
駅前のほうへ足の爪先を向け、自宅の窓を顧みる。
ほんの一瞬だが、天井まで届くほど背の高いなにかが窓の前をよぎるのが見えた。

あとがき

今回は宇宙人の話を入れました。

ネタに困ってやったわけではありません。

自分の書く怪談の間口を広げたかったのです、というと、偉そうですが。

今回入れた『念じたら来るもの』は宇宙人やＵＦＯという単語が出てきますが、最後に出てくるものの正体には触れていません。なぜなら、わからないからです。

わからないって、とても怖いです。なにをされるかわかりません。

幽霊は怖いですが、もし死んで幽霊となるメカニズムがはっきりとわかってしまったら、それでも怖いのでしょうか。別の意味でこわいかもしれませんが、未知の部分が殺がれてしまうと冷めてしまう気がします。

怪談はなにも死者だけのものではありません。

古くなくてもいいですし、廃れていなくてもいいんです。

血も死体も……もちろんあれば最高なのですが、そこだけ拾って集めるというのも勿体ない気がするのです。

未知との接触を生々しく伝えることができれば、宇宙人でも地底人でも怪談になるのではないかとおもっています。

せっかくなので、「ＵＦＯ怪談」的な話の入っている本をご紹介します。


土屋嘉男氏の『思い出株式会社』という本です。

楠の上から降り注ぐ「サーチライトのような光」を目撃した著者の体験談があります。

これは明らかにＵＦＯを彷彿させますので、そういう話で終わるのかとおもいきや、続きがあります。

著者が父親に「こんなものを見た」というと、父親は「きっとテンズリオロシだ」というのです。それはなにかと訊ねる著者に父親がこんな話をいたします。

ある男が夜中に巨木の下を通っていると、空から強烈な光が地上にそそいだ。その光に男は吸い寄せられ、天に行ったまま帰って来なくなった。そこは昔からテンズリオロシというものが出る場所だった。

この話、今でこそ「ＵＦＯじゃん！」となりますが、そんな言葉も存在も知らなかった昔の人たちにとっては、空に引き上げられる恐ろしい怪異だったのでしょう。

ＵＦＯ、宇宙人は怪談にもなりうる、という話でした。

黒 史郎

実話蒐録集 闇黒怪談

2017年3月7日　初版第1刷発行

著者　黒 史郎
デザイン　橋元浩明(sowhat.Inc.)
企画・編集　中西如(Studio DARA)
発行人　後藤明信
発行所　株式会社 竹書房
〒102-0072 東京都千代田区飯田橋2-7-3
電話03(3264)1576(代表)
電話03(3234)6208(編集)
http://www.takeshobo.co.jp
印刷所　中央精版印刷株式会社

定価はカバーに表示しています。
落丁・乱丁本の場合は竹書房までお問い合わせください。

ISBN978-4-8019-1008-9 C0176